Bob de straatkat

Bob de straatkat

James Bowen

thb

the house of books

Eerste druk, september 2012
Zeventiende druk, april 2016

Oorspronkelijke titel
A Streetcat Named Bob
Uitgave
Hodder & Stoughton, Londen

Vertaling
Ed van Eeden
Omslagontwerp
Ingrid Bockting
Omslagfoto
© Magnus Skarup
Opmaak binnenwerk
ZetSpiegel, Best

ISBN 978 90 443 4970 2
ISBN 978 90 443 4971 9 (e-book)
NUR 320

www.thehouseofbooks.com
www.overamstel.com

OVERAMSTEL
uitgevers

The House of Books is een imprint van Overamstel uitgevers bv

Voor Bryn Fox... en iedereen die een vriend heeft verloren

Inhoud

1

Reisgenoten

Ooit heb ik ergens een beroemde uitspraak gelezen dat we iedere dag van ons leven een tweede kans krijgen. Die kans kunnen we grijpen, alleen doen we dat meestal niet.

Ik heb het grootste deel van mijn leven gebruikt om die uitspraak te bevestigen. Ik kreeg een heleboel kansen, soms dagelijks. Heel lang heb ik er nooit een gegrepen, tot daar eindelijk, in het begin van de lente van 2007, verandering in kwam. Toen raakte ik bevriend met Bob. Nu ik erop terugkijk, denk ik dat het ook heel goed zíjn tweede kans kan zijn geweest.

Ik ontmoette hem voor het eerst op een bewolkte dinsdagavond in maart. De winter was nog niet helemaal voorbij en het was bitterkoud in de straten van Londen, vooral ook door de wind die vanaf de Theems de stad in waaide. Het vroor licht die avond. Reden waarom ik wat eerder dan gewoonlijk na een dag Covent Garden was teruggegaan naar mijn nieuwe, begeleid-wonen-onderkomen in Tottenham, Noord-Londen.

Zoals altijd hingen mijn zwarte gitaarkoffer en rugzak op

mijn rug, maar deze avond was ook mijn beste vriendin Belle bij me. Jaren geleden hadden we wat gehad, maar nu waren we alleen nog goede vrienden. We aten regelmatig goedkope afhaalcurry en keken dan naar een film op de kleine zwart-wittelevisie die ik in een kringloopwinkel om de hoek had gevonden.

Zoals gewoonlijk deed de lift van de flat het niet, dus liepen we naar de trap en bereidden ons voor op de lange, moeizame klim naar de vijfde verdieping.

De verlichting in de hal was kapot, waardoor we een deel van de vloer niet konden zien, maar terwijl we naar de trap liepen, zag ik twee gloeiende ogen in het donker. Toen ik een zacht, klagend gemiauw hoorde, begreep ik wat het was.

Zodra we dichterbij kwamen, zag ik in het vage licht in de gang een rode kat op de mat voor de deur van een van de flats op de begane grond liggen.

Ik was opgegroeid met katten en had nog altijd een zwak voor ze. Toen ik verder liep, kon ik het beest beter zien en zag dat het een kater was.

Ik had hem niet eerder bij deze flats gezien, maar zelfs in het donker zag ik dat het dier iets had, een soort persoonlijkheid. Hij was absoluut niet zenuwachtig, integendeel zelfs. Hij straalde een rustig, onverstoorbaar vertrouwen uit. Hij oogde alsof hij zich in het donker volkomen op zijn gemak voelde en bekeek me met een nieuwsgierige en intelligente blik, waardoor ik me een indringer in zijn territorium voelde. Het voelde alsof hij zei: ‘Oké, wie ben jij en wat kom je doen?’

Ik knielde naast hem neer en stelde mezelf voor.

‘Hallo, makker. Ik heb je hier nog niet eerder gezien. Woon je hier?’

Hij bleef me met die intelligente, wat afstandelijke blik aankijken, alsof hij me probeerde in te schatten.

Ik besloot hem in zijn nek te aaien. Om vriendjes te worden, maar ook om te voelen of hij misschien een bandje of een ander identificatieding omhad. In het donker was dat moeilijk te zien. Ik voelde niets en dacht daarom dat hij een zwerfkat moest zijn. Er waren in Londen een heleboel zwerfkatten.

Blijkbaar vond hij het aaien fijn, want hij gaf me zacht kopjes. Toen ik hem op zijn rug klopte, voelde ik dat hij slecht in zijn vacht zat. Er zaten zelfs een paar kale plekken in. Hij had duidelijk behoefte aan een goede maaltijd. En doordat hij me zo enthousiast kopjes gaf, begreep ik dat hij ook veel liefde en zorg kon gebruiken.

'Arme drommel. Volgens mij is het een zwerfkat. Hij heeft geen bandje of zo om en is heel mager,' zei ik, terwijl ik opkeek naar Belle, die geduldig bij de trap stond te wachten.

Ze kende mijn zwak voor katten.

'Nee, James. Je kunt hem niet meenemen.' Ze knikte in de richting van de deur waarvoor de kat zat. 'Hij is echt niet zomaar naar binnen gelopen en daar gaan zitten. Hij woont daar. Waarschijnlijk wacht hij tot de bewoners thuiskomen en hem binnenlaten.'

Met tegenzin moest ik haar gelijk geven. Ik kon de kat niet zomaar oppakken en mee naar huis nemen. Ook niet als ik dacht dat het een zwerfkat was. Ik woonde hier zelf net en mijn flat was helemaal nog niet op orde. Stel dat de kat inderdaad van de bewoner van die flat was, dan zou die het vast niet waarderen dat iemand zomaar zijn kat zou meenemen, toch?

En trouwens, het laatste waar ik op dit moment behoefte aan had was de extra verantwoordelijkheid voor een kat. Ik was een mislukte musicus en een re-integrerende drugsverslaafde die van dag tot dag, van uur tot uur, leefde in een begeleid-wonen-project. De verantwoordelijkheid voor mezelf was al zwaar genoeg.

De volgende ochtend, vrijdag, liep ik de trap af en zag dat de kater er nog zat. Alsof hij zich de afgelopen twaalf uur niet bewogen had.

Weer knielde ik naast hem neer en aaide hem. Weer was het overduidelijk dat hij dat prettig vond. Hij spinde dat het een lust was, dus vond hij mijn aandacht prettig. Hij vertrouwde me nog niet voor de volle honderd procent, maar ik merkte dat hij me oké vond.

In het daglicht zag ik dat het een prachtige kater was. Hij had een opvallende kop met indringende, groene ogen. Toen ik beter keek, zag ik dat hij gevochten moest hebben of een ongeluk had gehad, want hij had schrammen op zijn kop en poten. En, zoals ik de avond tevoren al had gevoeld, zag zijn vacht er inderdaad niet goed uit. Die was dun en dof en ik zag minstens zes kale plekken, waar zijn huid zichtbaar was. Ik maakte me oprecht zorgen om hem, maar zei tegen mezelf dat ik mijn handen al meer dan vol had aan mezelf op het rechte pad houden. Dus liep ik met frisse tegenzin naar de bus van Tottenham naar het centrum van Londen en Covent Garden, waar ik weer wilde proberen snel wat geld bij elkaar te spelen.

Toen ik die avond thuiskwam, was het al vrij laat. Bijna tien uur. Onmiddellijk liep ik de gang in waar de kater had gezeten, maar nu was hij nergens te bekennen. Ik was een beetje teleurgesteld. Ik had me erop verheugd hem weer te zien. Maar ik voelde me toch vooral opgelucht, want ik nam aan dat hij was binnengelaten door zijn eigenaar, toen die terugkwam van waar hij was geweest.

De moed zonk me een beetje in de schoenen toen ik de volgende ochtend de trap afliep en hem weer op de mat zag zitten. Hij oogde nog kwetsbaarder en gehavender dan daarvoor. Hij zag er verkleumd en hongerig uit en beefde.

'Ben je er nog?' zei ik, terwijl ik hem aaide. 'Je ziet er vandaag niet zo goed uit.'

Deze keer besloot ik dat het lang genoeg had geduurd en klopte op de deur van de flat. Als hij hun huisdier was, moesten ze hem beter behandelen. Hij moest hoognodig eten en drinken hebben – en misschien ook naar de dierenarts.

Een kerel deed de deur open. Ongeschoren, in een T-shirt en een trainingsbroek. Alsof hij net uit zijn bed kwam, ook al was het midden op de middag.

'Sorry, dat ik je stoor, man. Maar is die kat van jou?' vroeg ik hem.

Hij keek me aan alsof ik gek was. 'Welke kat?' vroeg hij. Toen pas keek hij naar beneden en zag de rode kater als een balletje opgerold op zijn deurmat liggen. 'O. Nee,' zei hij ongeïnteresseerd. 'Niet van mij, man.'

'Hij zit hier al een paar dagen,' zei ik met een uitgestreken gezicht.

'Is dat zo? Dan vindt hij het hier vast lekker ruiken of zo. Maar hij is dus niet van mij.'

En hij knalde de deur dicht.

Ik nam direct een besluit. 'Oké, makker, jij gaat met mij mee,' zei ik en zocht ondertussen in mijn rugzak naar de doos koekjes die ik altijd bij me had om te geven aan de honden en katten die naar me toe kwamen als ik aan het spelen was.

Ik rammelde met het doosje en onmiddellijk stond hij op zijn vier poten en liep achter me aan.

Ik zag dat hij voorzichtig liep en een achterpoot op een rare manier meesleepte, dus namen we de tijd om alle vijf de trappen op te lopen. Even later waren we veilig in mijn flat.

Mijn flat was amper gemeubileerd, dat moet ik toegeven. Behalve de tv stond er een tweedehands bedbank, lag er in een hoekje van de kleine slaapkamer een kale matras en stonden er in de keuken een slechtwerkende koelkast, een magnetron, een waterkoker en een broodrooster. Geen kookplaat. Verder lagen er nog boeken, video's en wat losse spulletjes.

Ik ben eigenlijk een soort ekster; ik verzamel allerlei spullen die ik op straat vind. In die tijd stond er een kapotte parkeermeter in een hoek en een kapotte etalagepop met een cowboyhoed op haar hoofd in een andere. Een vriend noemde mijn huis ooit de 'nieuwsgierigheidswinkel', maar toen de kater zijn nieuwe behuizing controleerde, had hij alleen maar interesse voor de keuken.

Ik haalde een pak melk uit de koelkast, schonk wat in een kommetje en deed er wat water bij. Ik wist – in tegenstelling tot de algemene opinie – dat melk eigenlijk slecht is voor katten, omdat die lactose-intolerant zijn. Hij had het binnen een paar seconden opgelikt.

Er lag ook nog wat tonijn in de koelkast. Die mengde ik met wat gebroken biscuitjes en gaf het hem. Ook dit werkte hij snel naar binnen. *Arme drommel, hij is helemaal uitgehongerd,* dacht ik.

Na de koude, donkere gang bood de flat een vijfsterrenluxe aan de kater. Hij leek tevreden met de ruimte en toen hij klaar was met eten, liep hij naar de woonkamer waar hij naast de radiator op de grond ging liggen.

Ik ging naast hem zitten en bekeek hem nauwkeurig. Volgens mij was er iets goed mis met zijn poot. Toen ik hem nog wat uitgebreider bekeek, zag ik een groot abces op de achterkant van zijn rechterachterpoot. De wond had de vorm van een grote hoektand en ik kon wel bedenken hoe hij eraan gekomen was. Hij was waarschijnlijk aangevallen door een hond of vos, die zijn tanden in zijn poot had gezet om hem vast te houden toen hij probeerde te ontsnappen. Hij zat ook onder de schrammen. Een op zijn gezicht, vlak bij zijn oog en andere op zijn rug en poten.

Ik maakte de wond zo goed mogelijk schoon door hem in de badkuip te zetten, en wat alcoholvrije voedende crème om de wond heen te smeren. Op de wond zelf smeerde ik wat vaseline. Een heleboel katten zouden zich hiertegen met hand en tand hebben verzet, maar hij was zo mak als een lammetje.

De rest van de dag lag hij opgerold op zijn favoriete plekje bij de radiator.

Maar af en toe verkende hij voorzichtig de rest van de flat, en besprong en bekraste hij alles wat hij tegenkwam. Eerst negeerde hij haar, maar inmiddels had de etalagepop in de hoek een magnetische werking op hem. Ik vond het niet erg. Hij mocht doen waar hij zin in had.

Ik wist dat katers heel actief konden zijn en merkte dat deze vol opgekropte energie zat. Toen ik hem wilde aaien, sprong hij op me en begon met zijn poten naar me te slaan. Op een gegeven moment werd hij wat fel en had bijna mijn hand te pakken.

'Oké, jochie, rustig maar,' zei ik, en ik tilde hem op en zette hem op de grond. Ik wist dat ongecastreerde katers soms ontzettend actief konden zijn. Ik vermoedde dat hij nog steeds 'compleet' was en in zijn puberteit zat. Dat wist ik natuurlijk niet zeker, maar het bevestigde mijn vage gevoel dat hij op straat leefde en geen thuis had.

Die avond keek ik televisie, terwijl de kater tevreden bij de radiator lag. Hij stond pas op toen ik naar bed ging. Moeizaam liep hij achter me aan de slaapkamer in en rolde zich als een balletje op aan het voeteneind van mijn bed.

Terwijl ik in het donker naar zijn zachte gespin luisterde, voelde het goed dat hij daar lag. Hij was gezelschap. En dat had ik een hele tijd niet gehad.

Op zondagochtend stond ik vroeg op en besloot te gaan kijken of ik zijn baasje kon vinden. Ik hoopte dat iemand posters met KAT VERMIST had opgehangen. Er hingen altijd wel gefotokopieerde oproepen over vermiste katten aan lantaarnpalen, op prikborden in winkels en zelfs bij bushaltes. Er leken zoveel vermiste katten te zijn dat ik me soms wel eens afvroeg of er in de buurt misschien een kattenstelende bende actief was.

Voor het geval ik zijn baasje snel zou vinden, nam ik de kat mee aan een riempje dat ik van schoenveters had gemaakt. Hij leek opgewekt terwijl hij naast me de trap afliep.

Toen we buiten waren, begon hij aan het riempje te trekken, alsof hij haast had. Ik nam aan dat hij hoge nood had. Inderdaad vertrok hij meteen naar het gras en wat struiken naast het andere flatgebouw toen ik hem had losgemaakt en bleef een paar minuten weg om de natuur zijn werk te laten doen. Toen kwam hij weer terug en liet zich weer aanlijnen.

Hij vertrouwt me echt, zei ik tegen mezelf. Onmiddellijk vond ik dat ik dat vertrouwen niet mocht beschamen en dat ik hem moest helpen.

Eerst ging ik naar de vrouw die aan de overkant woonde. Iedereen wist dat ze voor katten zorgde. Ze gaf de zwerfkatten uit de buurt te eten en liet ze castreren als dat nog niet gebeurd was. Toen ze opendeed, zag ik binnen minstens vijf katten en Joost mocht weten hoeveel er nog in haar achtertuin zaten. Het leek erop dat iedere kat uit de wijde omtrek naar haar achtertuin kwam, omdat ze allemaal wisten dat ze daar te eten kregen. Ik wist niet waar ze al dat eten van betaalde.

Zodra ze hem zag, glimlachte ze en aaide hem.

Het was een aardige vrouw, maar ze wist niets over hem. Ze had hem nog niet eerder in de buurt gezien.

'Waarschijnlijk komt hij uit een ander deel van Londen. Het zou me niets verbazen als hij is gedumpt,' zei ze. Ze beloofde haar ogen en oren open te houden.

Ik had het gevoel dat ze gelijk had en dat hij uit een andere wijk dan Tottenham kwam.

Om dat uit te proberen, maakte ik het riempje los. Misschien wist hij welke kant hij op moest. Maar toen we verder wandelden, werd me duidelijk dat hij niet wist waar hij was. Hij leek verdwaald en keek me aan alsof hij wilde zeggen: 'Ik weet niet waar ik ben; ik wil bij jou blijven.'

Zo liepen we een paar uur rond. Op een gegeven moment rende hij de struiken in om weer wat te lozen en vroeg ik aan voorbijgangers of ze hem kenden. Ze keken me alleen maar schouderophalend aan.

Het was duidelijk dat hij bij me wilde blijven. Terwijl we rondliepen, vroeg ik me af wat zijn verhaal zou zijn: waar hij vandaan kwam en wat voor soort leven hij had gehad voordat hij op die deurmat op de begane grond was gaan zitten.

Gedeeltelijk was ik het met het 'kattenvrouwtje' van de overkant eens dat hij bij een gezin vandaan kwam. Hij was een goed uitziende kat en was misschien als cadeau gekocht voor Kerstmis of iemands verjaardag. Ongecastreerde katers kunnen behoorlijk agressief worden, zoals ik al had mogen meemaken.

Ook kunnen ze heel dominant worden, veel erger dan andere katten. Ik vermoedde dat hij, toen hij echt actief en wat te agressief werd, niet meer hanteerbaar was.

Ik stelde me voor dat de ouders hadden besloten tot 'en nu is het mooi geweest' en hem – in plaats van naar de dierenarts of het asiel te brengen – hadden meegenomen, een stukje waren gaan rijden en hem toen ergens uit de auto hadden gezet.

Katten hebben een uitstekend richtingsgevoel, maar hij was duidelijk veel te ver van huis uit de auto gezet en had de weg terug niet kunnen vinden. Of misschien had hij aangevoeld dat het daar geen echt thuis voor hem was en besloten nieuw onderdak te gaan zoeken.

Mijn andere theorie was dat hij van een bejaard iemand was geweest en dat dit baasje was overleden.

Natuurlijk hoefden allebei mijn ideeën niet te kloppen. Het feit dat hij duidelijk niet gewend was aan in een huis wonen, was het belangrijkste argument om hem niet in huis te nemen. Maar hoe beter ik hem leerde kennen, hoe meer ik geloofde dat hij vroeger ooit bij iemand had gewoond. Hij leek gesteld op mensen die voor hem zorgden. Die indruk wekte hij in ieder geval op mij.

De grootste aanwijzing over zijn achtergrond was zijn grote wond, die er lelijk uitzag. Die had hij zeker weten in een gevecht opgelopen. Omdat er pus uitkwam, moest die wond een paar dagen oud zijn, misschien zelfs al een week. Dat bracht me op een nieuw idee.

Londen heeft altijd veel zwerfkatten gehad, die op straat leven van afval en de gulheid van vreemden. Vijf- of zeshonderd jaar geleden stonden in de City onder meer Gresham Street, Clerkenwell Green en Drury Lane bekend als 'kattenstraten', omdat daar hordes katten waren. Deze zwervers waren het schorem, de wrakstukken van de stad, die dagelijks voor hun leven vochten. Veel van hen waren net als deze ongecastreerde kater: gehavende, gebroken dieren. Misschien zag hij een verwante ziel in mij.

2

Beter worden

Ik ben vanaf mijn vroege jeugd met katten opgegroeid en ik vond dat ik ze behoorlijk goed begreep. Thuis hadden we meerdere siamezen gehad en ik herinner me ook nog een prachtige schildpadkat. Ik heb voor het grootste deel leuke en mooie herinneringen aan ze, maar de herinnering die me nog het levendigst voor ogen staat, is tegelijkertijd de slechtste.

Ik ben in Engeland en Australië opgegroeid. Ooit woonden we in Craigie, in West-Australië, en hadden we een heel lieve, witte, pluizige kitten. Ik weet niet meer hoe we eraan kwamen, waarschijnlijk van een plaatselijke boer. Maar waar hij ook vandaan kwam, het beest had het er verschrikkelijk gehad. Om onbekende redenen was hij niet medisch nagekeken voor we hem kregen. Het bleek dat het arme beestje onder de vlooien zat.

Dat merkten we niet meteen. De kitten had namelijk een heel dichte vacht en de vlooien hadden zich daar diep in genesteld. Vlooien zijn zoals bekend parasieten. Ze zuigen leven uit andere wezens om zichzelf in leven te houden. Ze hadden bijna al het bloed uit het arme beestje gezogen. Tegen de tijd dat we dat doorkregen, was het te laat. Mijn moeder nam hem mee naar de dierenarts, die haar vertelde dat er niets meer aan te doen was. De kitten had allerlei infecties en andere problemen. Binnen een paar weken was hij dood. Ik was toen een jaar of vijf, zes en was er kapot van – net als mijn moeder.

Door de jaren heen dacht ik nog regelmatig aan de kitten, meestal als ik een witte kat zag. Maar ook dit weekend met de kater dacht ik vaak aan het beestje. Toen ik ontdekt had dat de vacht van de kater in slechte conditie was, zelfs kaal op sommige plekken, kreeg ik het afschuwelijke gevoel dat hij even erg zou lijden als de witte kitten.

Die zondagavond in de flat nam ik een besluit: dat zou ik niet laten gebeuren. En ik geloofde niet dat de verzorging die ik hem kon geven hem zou genezen. Ik zou nooit meer iets zomaar geloven.

Ik moest met hem naar de dierenarts. Ik wist dat mijn huismiddeltjes de wond niet zouden genezen en had geen idee of hij nog meer ziektes of kwaaltjes had. Ik wilde niet te lang wachten, dus besloot ik de volgende ochtend vroeg op te staan en met hem naar de dichtstbijzijnde dierenkliniek te gaan, aan de andere kant van de Seven Sisters Road, bij het Finsbury Park.

Ik zette de wekker. De volgende ochtend vroeg gaf ik de kat een kommetje gebroken koekjes met tonijn. Het was een grauwe ochtend, maar dat kon ik niet als excuus gebruiken.

Met zijn poot kon hij natuurlijk nooit anderhalf uur lopen, dus besloot ik hem te dragen en zette hem daarom in een groene, plastic bak. Niet ideaal, maar ik had niets anders. Bijna meteen liet hij merken dat hij dat niet prettig vond. Hij bleef maar bewegen, stak een poot uit de bak en probeerde eruit te klauteren. Uiteindelijk gaf ik het op.

'Kom dan maar. Dan draag ik je wel,' zei ik en hield hem onder mijn vrije arm vast, terwijl ik met mijn andere arm de bak vasthield. Al snel klauterde hij op mijn schouder, waar hij ging zitten. Ik liet hem daar zitten en droeg de lege bak naar de kliniek.

Daarbinnen was het een hel. Het was er overvol, vooral met honden en hun baasjes, meestal jonge pubers met skinheadhoofden en agressieve tattoos. Zeker driekwart van de honden bestond uit Staffordshire-bullterriers, die zeker weten gewond waren geraakt in gevechten met andere honden. Misschien wel ter vermaak van de mensen.

Mensen vinden Engeland vaak een 'land van dierenvrienden'. Maar hier was echt niet veel van die vriendschap te merken. De manier waarop sommige mensen hun huisdieren behandelen vind ik schandalig.

De kat zat op mijn schoot of op mijn schouder. Ik voelde dat hij zenuwachtig was en dat kon ik me heel goed voorstellen. Bijna alle honden in de wachtkamer gromden naar hem. Een paar begeleiders moesten hun hond stevig aan de lijn houden omdat die op Bob af wilden komen.

Stuk voor stuk verdwenen de honden in de behandelkamer. En iedere keer dat de assistente verscheen, werden we teleurgesteld. Uiteindelijk duurde het vierenhalf uur voordat we naar binnen mochten.

Toen zei ze: 'Meneer Bowen, de dierenarts verwacht u.'

De dierenarts was van middelbare leeftijd. Hij zag er hondsmoe uit en keek alsof hij alles al een keer had meegemaakt. Misschien kwam het door alle agressie waarin ik vierenhalf uur lang had gezeten, maar ik was op mijn hoede.

'En, wat is het probleem?' vroeg hij.

Ik wist dat de man alleen maar zijn werk deed, maar had graag willen zeggen: 'Tja, als ik dat wist, dan was ik hier niet.'

Dat zei ik dus niet. Wel dat ik de kat in de gang van mijn flatgebouw had gevonden. Ik wees naar het abces aan de achterkant van zijn poot.

'Oké, eens even kijken,' zei hij.

Hij zag dat de kat pijn had en gaf hem een lichte dosis diazepam om te ontspannen. Vervolgens zei hij dat hij een recept zou uitschrijven voor het antibioticum amoxilline.

'Als het binnen veertien dagen niet beter met hem gaat, moet je terugkomen.'

Ik nam de kans waar om de vlooien ter sprake te brengen. Hij bekeek de kattenvacht vluchtig en zei dat hij niets zag.

'Maar misschien is het handig als je hem daar tabletten tegen geeft. Voor jonge katten kan het gevaarlijk zijn.'

Weer hield ik me in en zei niet dat ik dat al wist. Hij schreef voor de tabletten ook een recept uit.

Ik moet erbij zeggen dat hij ook controleerde of de kat gechipt was. Dat was niet het geval, voor mij een extra bevestiging dat hij een zwerfkat was.

'Dat zou je zo snel mogelijk moeten laten doen,' vond de dierenarts. 'En volgens mij kan hij ook vrij snel gecastreerd worden.' Hij gaf me een brochure en een formulier voor gratis castraties van zwerfkaters. Gezien de manier waarop hij door het huis rende en agressief naar me deed, knikte ik instemmend met zijn diagnose. 'Dat lijkt me een goed idee,' zei ik glimlachend en verwachtte dat hij minstens 'waarom?' zou vragen.

Maar de dierenarts vroeg niets. Hij tikte driftig op zijn computertoetsenbord en printte de recepten uit. We waren onderdeel van een productielijn en waren nu zover dat we bijna plaats konden maken voor de volgende patiënt. Dat was niet zijn schuld – het lag aan het systeem.

Binnen een paar minuten waren we klaar. We liepen de behandelkamer uit naar de receptiebalie en daar gaf ik de recepten aan een in het wit geklede dame, die iets vriendelijker was.

'Wat een lieverd,' zei ze. 'Mijn moeder had ook ooit een rode kater. De beste vriend die ze ooit heeft gehad. Geweldig karakter. Zat altijd aan haar voeten en bekeek vanaf daar de wereld. Al zou er een bom ontploffen, hij zou haar nooit alleen hebben gelaten.'

Ze tikte details op de kassa in, die de rekening produceerde.

'Dat wordt dan tweeëntwintig pond graag,' vertelde ze.

De moed zonk me in de schoenen.

'Tweeëntwintig pond! Echt waar?' zei ik. Ik bezat toen iets meer dan dertig pond.

'Ik ben bang van wel,' zei ze meelevend, maar beslist.

Ik gaf haar dertig pond en pakte het wisselgeld aan.

Het was een heleboel geld voor me. Een hele dag werken. Maar ik had geen keus: ik moest mijn nieuwe vriend helpen.

'Het ziet ernaar uit dat we de komende veertien dagen met elkaar opgescheept zitten,' zei ik tegen de kater, terwijl we naar buiten liepen en aan de lange wandeling naar de flat begonnen.

En zo was het. Er was geen sprake van dat ik de kater zou laten gaan, in elk geval niet binnen die veertien dagen, niet voordat hij zijn kuur had afgemaakt. Niemand anders zou ervoor zorgen dat hij zijn tabletten innam en op straat kon hij niet blijven, want daar kon hij een infectie oplopen.

Ik weet niet waarom, maar de verantwoordelijkheid om voor hem te zorgen gaf me nieuwe energie. Ik had een nieuw doel in mijn leven. Iets positiefs doen voor iemand – of iets – anders dan mezelf.

Die middag kocht ik in de buurtdierenwinkel kattenvoer voor een paar weken. Ik had bij de dierenarts een proefmonster van een merk kattenbrokken meegekregen en had uitgeprobeerd of hij dat lekker vond. Dat vond hij, dus kocht ik er een hele zak van. Ook kocht ik blikjes kattenvoer. Het kostte me m'n laatste negen pond.

Die avond liet ik hem alleen en vertrok met mijn gitaar naar Covent Garden. Ik moest nu twee monden voeden.

In de loop van de volgende dagen, toen ik hem verzorgde, leerde ik hem wat beter kennen. Ik had hem inmiddels een naam gegeven: Bob. Die naam viel me in toen ik naar een dvd van *Twin Peaks* keek, een van mijn favoriete tv-series. Daarin zat een personage dat Killer Bob heette. Een soort schizofreen, een Jekyll & Hyde-type. Het ene moment was hij een geestelijk gezonde, normale kerel, dan weer een doorgedraaide gek. De kater deed me een beetje aan hem denken. Als hij gelukkig en tevreden was, was hij de rustigste, liefste kat van de wereld. Maar kreeg hij het op zijn heupen, dan werd hij gek en viel alles in de flat aan.

Ik kwam er ineens op toen ik op een avond zat te praten met mijn vriendin Belle.

'Hij heeft wel wat van Killer Bob uit *Twin Peaks*, vind je niet?'

Ze keek me niet-begrijpend aan. Maar dat boeide me al niet meer. Het werd Bob.

Inmiddels was ik er zeker van dat Bob op straat had geleefd. Als hij moest plassen of poepen, dan weigerde hij de kattenbak te gebruiken die ik speciaal voor hem had gekocht. Nee, ik moest dan met hem mee naar beneden, zodat hij in de beplanting om de flatgebouwen heen zijn behoefte kon doen. Hij rende dan naar planten en struiken, groef een kuiltje, deed zijn ding en schoof de aarde terug in het kuiltje.

Toen ik hem op een ochtend zo druk bezig zag, vroeg ik me af of hij misschien een reiziger was. Daar waren er aardig wat van in Tottenham. Er zat zelfs een grote groep op een veld in de buurt van mijn flatgebouw. Misschien hoorde hij bij een trekkersgroep en was hij op de een of andere manier achtergebleven toen de groep verder ging. Ik was er in ieder geval zeker van dat hij geen huiskat was.

Het was duidelijk dat hij me steeds aardiger begon te vinden. En ik hem. Eerst vond hij me wel oké, maar bleef een beetje op zijn hoede, na een paar dagen echter vertrouwde hij me steeds meer – en gedroeg hij zich vriendelijker. Hij was nog altijd heel actief, soms zelfs agressief, maar nu wist ik dat het kwam omdat hij gecastreerd moest worden.

Ons leven kreeg een vast ritme. 's Ochtends liet ik Bob in de flat achter en ging naar Covent Garden, waar ik speelde tot ik genoeg geld had ingezameld. Als ik thuiskwam, stond hij me achter de voordeur op te wachten. Dan liepen we samen naar de bank in de voorkamer en gingen televisiekijken.

Ik merkte dat hij een heel slimme kat was, want hij begreep alles wat ik tegen hem zei.

Als ik op de bank klopte en vroeg of hij naast me kwam zitten, dan deed hij dat. Hij wist ook wat ik bedoelde als ik tegen hem zei dat het tijd was voor zijn medicijnen. Dan keek hij me aan alsof hij wilde zeggen: 'Moet dat echt?' Maar hij stribbelde niet tegen als ik de tabletten in zijn bek stopte en over zijn keel wreef tot hij ze had doorgeslikt. De meeste katten worden woedend als je hun kaken van elkaar probeert te krijgen. Maar toen al vertrouwde hij me.

Rond die tijd merkte ik ook dat er iets speciaals aan hem was. Ik had nog nooit een kat als Bob gezien.

Niet dat hij perfect was, helemaal niet. Hij wist waar het eten lag en regelmatig schuimde hij de keuken af en gooide potten en pannen om tijdens zijn zoektocht naar eten. Keukenkastjes en koelkast zaten onder de krassen, omdat hij fanatiek naar iets lekkers zocht.

Maar eerlijk is eerlijk: als ik nee zei, hield hij op.

Het enige wat ik hoefde te zeggen, was: 'Nee, ga daar weg, Bob' en dan droop hij af. Weer een bewijs van hoe intelligent hij was. En weer riep het vragen op over zijn achtergrond. Zou een wilde kat of een straatkat ooit luisteren naar een mens en dan ook nog gehoorzamen? Wedden van niet!

Ik vond Bobs gezelschap prettig, maar wist dat ik voorzichtig moest zijn. Ik moest niet te dikke vrienden met hem worden, want vroeg of laat zou hij weer de straat op gaan. Hij was geen kat die het voor eeuwig prettig vond om opgesloten te zitten. Hij was geen huiskat.

Maar voorlopig was ik zijn verzorger en ik was vastbesloten om die taak zo goed mogelijk te vervullen. Ik zou alles doen om hem zo goed mogelijk voor te bereiden op zijn terugkeer naar de straat. Dus vulde ik op een ochtend het formulier in dat de dierenarts me had gegeven voor een gratis castratie. Ik deed het op de post en tot mijn verbazing had ik al binnen een paar dagen antwoord. Ik kreeg een verklaring waarmee we de castratie konden regelen.

De volgende ochtend bracht ik Bob naar beneden om hem zijn behoefte te laten doen. De kattenbak die ik voor hem had gekocht, bleef ongebruikt. Hij vond het maar niets.

Hij liep als altijd naar dezelfde plek in de beplanting. Om de een of andere reden was dat zijn favoriete plekje. Ik neem aan dat het iets te maken had met territoriumafbakening, daarover had ik ooit een wetenschappelijk artikel gelezen.

Zoals gewoonlijk was hij een minuut of twee bezig en schoof daarna de aarde terug. Ik verwonderde me nog steeds over de reinheid en zindelijkheid van katten. Waarom vonden ze dat zo belangrijk?

Hij had gecontroleerd of alles naar zijn zin was en liep net terug, toen hij ineens midden in een beweging bevroor. Alsof hij iets had gezien. Ik wilde net naar hem toelopen om te kijken wat, toen ik het al zag.

Hij sprong ineens naar voren. Het gebeurde allemaal in een oogwenk. Voor ik het goed en wel in de gaten had, had Bob iets uit het gras voor de struiken te pakken. Ik liep naar hem toe en zag dat hij een muisje in zijn bek had. Niet groter dan zeven centimeter.

Het muisje had natuurlijk geprobeerd langs hem heen te rennen, maar had geen enkele kans gehad. Bob sprong met de snelheid van het licht en de precisie van een chirurg, en had nu het beestje tussen zijn tanden. Het was geen prettig gezicht. De pootjes van de muis spartelden wild in het rond en Bob verlegde voorzichtig het lijfje tussen zijn tanden, zodat hij de muis kon doodbijten. Het duurde niet lang voor het onvermijdelijke was gebeurd en het kleine beestje niet meer tegenstribbelde. Meteen daarna liet Bob het muisje op de grond vallen.

Ik wist wat er nu zou volgen, maar wilde niet dat Bob het beestje zou opeten. Muizen waren beruchte ziektedragers. Dus knielde ik op de grond en probeerde zijn prooi te pakken. Dat vond hij niet leuk en hij maakte een grommend, sissend geluid. Vervolgens pakte hij snel de muis weer op.

‘Geef hem aan mij, Bob,’ zei ik en ik weigerde weg te gaan. ‘Geef hem aan mij.’

Daar had hij echt geen zin in en hij keek me aan alsof hij wilde zeggen: 'Waarom?'

Ik zocht in mijn jas, vond een koekje en bood hem dat aan als alternatief. 'Neem dit maar, Bob, dat is veel beter voor je.'

Daar was hij niet meteen van overtuigd, maar na een tijdje gaf hij toe. Zodra hij de muis weer had laten vallen, pakte ik hem bij zijn staart en gooide hem weg.

Dit was weer een bewijs, voor mij in ieder geval, van een van de meest fascinerende dingen aan katten: het zijn en blijven roofdieren. Veel mensen vergeten het liefst dat hun lieve kitten een massamoordenaar is, maar dat zijn katten wel degelijk als ze de kans krijgen. In sommige delen van de wereld, zoals in Australië, bestaat er een strenge regelgeving over het 's nachts buiten laten van katten vanwege het bloedbad dat ze aanrichten onder de plaatselijke vogel- en knaagdierenpopulatie.

Bob had bewezen dat hij een echte kat was. Zijn concentratie, zijn snelheid en zijn slagvaardigheid als moordenaar waren verbazingwekkend. Hij wist precies wat hij hoe moest doen.

Daardoor vroeg ik me weer af wat voor leven hij zou hebben geleid voordat hij in de gang van het flatgebouw was beland. Wat voor soort leven was dat geweest? Waar had hij gewoond en hoe had hij overleefd? Had hij iedere dag zijn voedsel eerst gevangen en daarna opgegeten? Was hij opgegroeid in een huis of had hij altijd buiten geleefd? Hoe was hij de kat geworden die hij nu was? Ik zou het zo ontzettend graag willen weten. Ik wist zeker dat mijn pluizige vriendje me een paar mooie verhalen zou kunnen vertellen.

Ook dit was iets wat Bob en ik gemeenschappelijk hadden.

Vanaf het moment dat ik op straat woonde, waren er mensen geïnteresseerd in mijn vroegere leven. Hoe was ik in deze situatie beland, vroegen ze me. Sommigen wilden het natuurlijk beroepsmatig weten. Ik had met talloze maatschappelijk werkers, psychologen en agenten gepraat, die me hadden ondervraagd over hoe ik op straat terecht was gekomen. Maar ook heel gewone mensen hadden ernaar geïnformeerd.

Ik weet niet waarom, maar sommige mensen vinden het fascinerend om te horen hoe sommige leden uit de maatschappij afgegleden zijn. Ik denk dat het deels voortkomt uit het gevoel van 'dat had ik net zo goed kunnen zijn'. Dat het iedereen kan overkomen. Maar het heeft zeker ook te maken met het feit dat het mensen tevredener maakt met hun eigen leven. Daardoor kunnen ze denken: 'Oké, mijn leven is misschien rot, maar het kan nog veel erger. Ik had die arme drommel kunnen zijn.'

Het antwoord op de vraag hoe mensen als ik uiteindelijk op straat belanden is natuurlijk iedere keer anders. Maar er zijn wel een paar overeenkomsten. Vaak spelen drugs en alcohol een grote rol in het verhaal. Maar in een akelig groot aantal gevallen begint de weg naar het straatleven al in hun jeugd en in de relaties met hun gezinsleden. Dat was in ieder geval het geval bij mij.

Ik had een onthechte jeugd, hoofdzakelijk omdat ik in die tijd heen en weer reisde tussen Engeland en Australië. Ik ben geboren in Surrey, maar op mijn derde verhuisden we naar Melbourne. Mijn ouders waren toen al gescheiden. Mijn vader bleef in Surrey wonen, mijn moeder ontvluchtte de situatie door verkoopster te worden bij Rank Xerox in Australië. Daar was ze echt heel goed in, ze was er een van de topverkoopsters.

Maar mijn moeder had geen rust en binnen twee jaar verhuisden we van Melbourne naar West-Australië. Daar woonden we zo'n drie of vier jaar, tot mijn negende. Het leven in Australië was fijn. We woonden altijd in grote bungalows die allemaal een grote achtertuin hadden. Ik had alle ruimte die een jongen zich kon wensen om te spelen en om de wereld te verkennen. Ik hield van het Australische landschap. Het probleem was dat ik geen vrienden had.

Ik vond het heel moeilijk om op school te aarden, waarschijnlijk omdat we zo vaak verhuisden. De kans op een normaal leven in Australië was verkeken toen ik negen was en we weer naar Engeland verhuisden. Naar Sussex, in de buurt van Horsham. Ik vond het fijn weer in Engeland te zijn en heb nog altijd prettige herinneringen aan die tijd. Ik had net mijn draai gevonden in het leven op het noordelijk halfrond toen we weer verhuisden – terug naar West-Australië. Toen was ik ongeveer twaalf.

Deze keer woonden we in Quinn's Rock. Volgens mij zijn daar veel van mijn problemen pas goed begonnen. Door al dat gereis woonden we nooit langer dan een paar jaar in hetzelfde huis. Mijn moeder was voortdurend aan het kopen en verkopen, was altijd druk met een verhuizing. Ik had nooit een echt thuis en ben nooit op één plek opgegroeid. Eigenlijk leidden we een soort zigeunerleven.

Ik ben geen psycholoog, alhoewel ik door de jaren heen erg veel heb meegemaakt. Zelf ben ik ervan overtuigd dat we veel te vaak zijn verhuisd en dat dit niet goed is voor een opgroeiend kind. Hierdoor was het lastig voor me om me sociaal te ontwikkelen. Op school vond ik het heel moeilijk om vrienden te maken. Ik deed te veel mijn best. Ik wilde dan indruk maken, dat is niet goed als je kind bent. Het had dan ook het tegengestelde resultaat: op iedere school was ik de pispaal. In Quinn's Rock werd ik verschrikkelijk gepest.

Waarschijnlijk viel ik op door mijn Engelse accent en mijn slijmerige gedrag. Ik was gewoon een makkelijk doelwit. Ooit hebben ze geprobeerd me te stenigen. Letterlijk. Quinn's Rock heet niet voor niets Quinn's Rock. Overal waar je keek lagen stukken kalksteen, die de kinderen opraapten. Ik had een hersenschudding, nadat ik op weg naar huis bekogeld was.

Het werd er ook niet beter op doordat ik totaal niet kon opschieten met mijn stiefvader destijds: Nick. In mijn tienerogen was hij een eikel – en dat vertelde ik hem ook. Mijn moeder had hem ontmoet toen ze in Horsham bij de politie werkte en hij was met haar meegegaan naar Australië.

Tot in het begin van mijn tienerjaren leidden we dat nomadische leven. Meestal hing het nauw samen met de banen van mijn moeder. Ze was een zeer succesvolle vrouw. Op een gegeven moment maakte ze oefenvideo's voor telemarketing. Dat ging een tijdje heel goed. Daarna richtte ze een vrouwenblad op, *City Woman*, wat niet zo goed ging. Soms hadden we bakken met geld, soms bijna niks. Maar dat laatste duurde nooit lang; ze was een goede ondernemer.

Rond mijn vijftiende was ik zo ongeveer gestopt met school. Dat deed ik omdat ik doodsbang was voor de pestkoppen. Ik kon dus ook niet met Nick opschieten. En ik was erg op mijn onafhankelijkheid gesteld.

Ik werd een hangjongere. Een opstandig kind dat altijd tot diep in de nacht buiten was. Een kind dat met zijn moeder overhooplag en zijn neus optrok voor gezagshandhavers in welke vorm dan ook. Het was niet gek dat ik een talent ontwikkelde om mezelf in moeilijkheden te brengen, iets wat ik trouwens nog steeds goed kan.

Heel voorspelbaar ging ik drugs gebruiken, het begon met lijmsnuiven. Waarschijnlijk om aan de realiteit te ontsnappen. Ik was er niet echt aan verslaafd. Ik heb het maar een paar keer gedaan, nadat ik het een ander had zien doen. Maar het was het begin van het eind. Daarna ging ik dope roken en tolueen snuiven, een industrieel oplosmiddel dat in nagellakremover en lijm zit. Alles kwam voort uit elkaar, het was één grote gedragscirkel, het ene leidde tot het andere en dat weer tot het volgende enzovoort. Ik was boos. Ik had voor mijn gevoel nooit eens de wind mee gehad.

Laat me een kind van zeven zien en dan zal ik je de man laten zien, zeggen ze. Nou, ik weet niet of mijn toekomst zichtbaar was toen ik zeven was, maar zeker weten dat het zou lukken toen ik zeventien was. Ik was hard op weg naar zelfvernietiging.

Mijn moeder deed haar uiterste best om me van de drugs af te krijgen. Ze zag de schade die ik mezelf toebracht – en de nog grotere problemen waarin ik mezelf zou brengen als ik niet zou ophouden. Ze deed de dingen die alle moeders doen. Ze controleerde mijn broekzakken op drugs en sloot me zelfs een paar keer op in mijn slaapkamer. Maar de sloten in ons huis waren van die dingen met een knop in het midden. Ik wist ze al snel met een haarspeld open te draaien. En dan was ik vrij. Ik liet me door haar niet opsluiten – door niemand trouwens. We maakten ontzettend vaak ruzie en het ging van kwaad tot erger. Op een gegeven moment stuurde mijn moeder me naar een psychiater. Daar kreeg ik allerlei diagnoses. Van schizofrenie tot manisch depressief en ADHD, oftewel *Attention Deficit Hyperactivity Disorder*. Natuurlijk vond ik dat toen allemaal flauwekul. Ik was een verwarde tiener die vond dat hij alles beter wist dan alle andere mensen. Nu ik terugkijk, snap ik dat mijn moeder doodongerust is geweest. Ze moet zich machteloos hebben gevoeld en moet doodsbang zijn geweest voor wat er met me kon gebeuren. Maar ik interesseerde me niet voor gevoelens van anderen. Het kon me niets schelen en ik luisterde naar niemand.

Het ging zo slecht tussen ons dat ik een tijdje in een christelijk opvanghuis ging wonen. Ik deed daar niets, alleen drugs gebruiken en gitaar spelen. Niet per se in die volgorde.

Rond mijn achttiende verjaardag kondigde ik aan dat ik terugging naar Londen en bij mijn halfzus ging wonen, een dochter uit een eerder huwelijk van mijn vader. Dat was het begin van de neerwaartse spiraal.

Destijds leek het erop dat ik als iedere gewone tiener de wereld ging verkennen. Mijn moeder bracht me met de auto naar het vliegveld. Bij een rood stoplicht stopte ze, ik stapte uit, gaf haar een zoen op haar wang en zwaaide toen ze wegreed. Allebei dachten we dat ik een maand of zes weg zou blijven. Dat was het plan. Ik zou zes maanden bij mijn halfzus gaan wonen en mijn grote droom van muzikant worden waarmaken.

Maar het liep allemaal anders.

Wel ging ik bij mijn halfzus in Zuid-Londen wonen. Mijn zwager was niet blij met me. Zoals ik al zei: ik was destijds een opstandige tiener, kleedde me in gothicstijl en was een behoorlijke lastpak. Zeker ook omdat ik niet meebetaalde aan de huishoudelijke rekeningen.

In Australië had ik in de IT gewerkt en mobiele telefoons verkocht. Maar in Engeland kon ik geen normale baan vinden. Uiteindelijk vond ik een baantje als barkeeper. Maar ik was er niet goed in en ze ontsloegen me nadat ik voor iedereen had ingevallen in de kerstvakantie van 1997. En alsof dat niet erg genoeg was, stuurden ze een brief naar de uitkeringsambtenaar waarin ze schreven dat ik zelf ontslag had genomen, waardoor ik geen gebruik kon maken van voorzieningen waar ik recht op had omdat ik Engeland was geboren.

Hierna was ik nog minder welkom in het huis van mijn halfzus en zwager. Uiteindelijk hebben ze me het huis uitgezet. Ik had wel contact opgenomen met mijn vader en ik had hem een paar keer gesproken, maar het was meteen duidelijk dat we niet goed met elkaar konden opschieten. We kenden elkaar amper, dus er was geen sprake van dat ik bij hem zou gaan wonen. Ik sliep bij vrienden op de vloer of bank. Al snel leefde ik weer als een nomade en trok ik door heel Londen met mijn slaapzak van de ene naar de andere flat of kamer. En toen er geen vloeren meer over waren, verhuisde ik naar de straat.

Vanaf dat moment ging het heel snel bergafwaarts.

Op straat leven in Londen ontneemt je je waardigheid, je identiteit – je alles, eigenlijk. Het allerergste is dat het je de waardering van anderen afneemt. Zodra mensen zien dat je op straat leeft, behandelen ze je als een stuk vuil. Ze willen niets met je te maken hebben. Al snel heb je geen enkele echte vriend meer. Toen ik bij anderen sliep, had ik een baantje als keukenhulp. Hoewel ik mijn werk goed deed, werd ik ontslagen toen ze ontdekten dat ik dakloos was. Als je dakloos bent, krijg je echt heel weinig kansen.

Het enige wat me misschien had kunnen redden, was teruggaan naar Australië. Ik had een retourticket, maar raakte twee weken voor vertrek mijn paspoort kwijt. Ik had geen papieren en ook geen geld om een nieuw te kopen. Alle hoop om terug te gaan naar mijn familie in Australië vervloog. En ikzelf ook in zekere zin.

De volgende fase in mijn leven is één grote mist van drugs, drank en kleine misdaad – en wanhoop. En dat werd er niet minder op toen ik verslaafd raakte aan heroïne.

Ik begon ermee om 's nachts op straat te kunnen slapen. Het verdoofde me voor de kou en de eenzaamheid. Het bracht me naar een andere plek. Helaas kreeg het ook mijn ziel in zijn greep. Rond 1998 was ik totaal verslaafd. Mogelijk heb ik de dood een paar keer in de ogen gezien, maar om heel eerlijk te zijn was ik zo ver van de wereld dat ik me daar niet van bewust was.

In die tijd kwam het niet in me op om contact op te nemen met familieleden. Ik was van de aardbodem verdwenen – en dat kon me absoluut niets schelen. Ik was veel te druk bezig met overleven. Nu ik terugkijk op die tijd, kan ik me voorstellen dat ze door een hel zijn gegaan. Ze zullen doodongerust zijn geweest.

Ongeveer een jaar na mijn komst in Londen, toen ik zo'n negen maanden op straat leefde, kreeg ik iets mee van het verdriet dat ik veroorzaakte.

Toen ik net in Londen was, had ik contact gehad met mijn vader, maar inmiddels had ik hem alweer maanden niet gesproken. Rond de kerst besloot ik hem te bellen. Zijn vrouw – mijn stiefmoeder – nam op. Eerst weigerde hij aan de telefoon te komen en liet me vervolgens een paar minuten wachten. Zo boos was hij op me.

'Waar heb jij verdomme gezeten? We zijn allemaal verschrikkelijk ongerust!' riep hij, toen ik hem eindelijk aan de lijn had.

Ik mompelde een paar slappe excuses, maar hij bleef maar schreeuwen.

Hij vertelde dat mijn moeder in opperste wanhoop contact met hem had opgenomen om erachter te komen waar ik was. Dan was ze inderdaad behoorlijk wanhopig geweest, want ze spraken elkaar nooit meer. Vijf minuten lang schreeuwde en tierde hij tegen me. Nu weet ik dat het een combinatie was van opluchting en woede. Misschien was hij bang geweest dat ik dood was, wat ik in zekere zin ook was.

Die periode van mijn leven duurde zo ongeveer een jaar. Uiteindelijk werd ik door een daklozenopvang van de straat geplukt. Ik verbleef in verschillende opvanghuizen. Connections, vlak bij St. Martin's Lane, was er een van. In die tijd had ik daar vaak buiten op de markt om de hoek geslapen.

Ik belandde op de zogenaamde 'kwetsbare huisvestingsgroep'-lijst, waardoor ik recht had op onderdak. Het probleem was dat ik het grootste deel van de tien jaar die volgden in verschrikkelijke hostels, B&B's en huizen woonde, en die ruimtes moest delen met heroïne- en crackverslaafden, die alles stalen wat los en vast zat. Op een gegeven moment was zo'n beetje alles wat ik bezat gestolen. Als ik ging slapen, verstopte ik mijn belangrijkste bezittingen in mijn kleren. Het enige waar ik aan kon denken was overleven.

Het was onvermijdelijk dat mijn drugsverslaving steeds erger werd. Toen ik eind twintig was, was het zo erg dat ik in een afkickcentrum terechtkwam. Binnen een paar maanden was ik clean en werd ik in een afkickprogramma ingedeeld. Een tijdje waren het dagelijkse wandelingetje naar de apotheek en de tweewekelijkse busrit naar de drugsverslaafdenopvang in Camden de enige doelen in mijn leven. Het ging bijna vanzelf. Ik deed alles op de automatische piloot, alsof ik in trance was. En vaak was dat ook zo.

Ik kreeg er ook wat begeleiding. Ik praatte eindeloos over mijn verslaving, over hoe het was begonnen – en over hoe ik ermee ging ophouden.

Het is makkelijk om excuses te vinden voor drugsverslaving, maar ik ken mijn reden. Eenzaamheid. Heel simpel. Door de heroïne vergat ik mijn isolement, vergat ik dat ik geen familie had en vergat ik dat ik geen grote vriendenkring had. Ik was helemaal alleen en, hoe gek en onbegrijpelijk het waarschijnlijk zal klinken, de heroïne was mijn vriend.

Maar diep vanbinnen wist ik best dat het me kapotmaakte. Dus na een paar jaar stapte ik van heroïne over op methadon, de synthetische opioïde die wordt gebruikt als vervangingsmiddel om morfine- en heroïneverslaafden af te laten kicken. In de lente van 2007 was het plan dat ik uiteindelijk ook daarmee zou gaan stoppen en dus volledig zou afkicken.

De verhuizing naar de flat in Tottenham was een cruciaal punt in dat proces. Het was een doodnormaal flatgebouw vol doodnormale gezinnen. Ik wist dat ik daar een kans maakte om mijn leven weer op de rails te krijgen.

Om mee te kunnen betalen aan de huur ging ik gitaar spelen in Covent Garden. Ik haalde niet veel op, maar ik kon er eten van kopen en de gas- en elektriciteitsrekeningen van betalen. Ook hield het me in balans. Ik wist dat dit mijn kans was om het tij te keren. En ik wist ook dat ik die kans moest grijpen. Als ik een kat was geweest, dan was ik mijn negende leven begonnen.

3

De operatie

Tegen het einde van Bobs veertiendaagse kuur zag hij er inderdaad veel beter uit. De wond aan zijn poot was bijna genezen en de kale en dunne plekken in zijn vacht begonnen plaats te maken voor nieuwe, veel dikkere vacht. Ook leek hij gelukkiger, zijn ogen stonden veel helderder. Er lag een prachtige groengele glans in die ik nog niet eerder had gezien.

Hij was duidelijk aan de beterende hand. En zijn onstuimige gedrag was daar een bewijs van. Hij was al vanaf het begin als een wervelende derwisj in mijn flat tekeergegaan, maar sinds de afgelopen week was hij helemaal één bonk energie. Soms sprong en rende hij als een gek rond en klauwde naar alles wat los en vast zat, ook naar mij.

Op al het houtwerk in de flat zaten krassen. Zelf had ik krassen op mijn handen en armen, maar dat vond ik niet erg. Ik wist dat het niet kwaad bedoeld was, hij wilde alleen maar spelen.

In de keuken vormde hij een bedreiging. Hij probeerde de

keukenkastjes en koelkastdeur open te krijgen, zodat ik goedkope kindersloten moest kopen.

Ook moest ik heel goed opletten met wat ik liet rondslingeren. Schoenen en kleren zaten binnen de kortste keren onder de krassen en scheuren.

Dit alles wees erop dat er iets moest gebeuren. Ik wist voldoende van katten om de signalen te herkennen. Hij was een jonge kater met veel te veel testosteron in zijn lijf. Hij moest gecastreerd worden. Dus een paar dagen voor het eind van zijn kuur besloot ik de dierenarts in de buurt te bellen, de Abbey Clinic op Dalston Lane.

Ik kende de voors en tegens om hem 'intact' te laten. Het waren voornamelijk tegens. Als ik hem niet liet castreren, zou Bob overgeleverd zijn aan zijn hormonen en alleen nog maar op straat op vrouwtjes willen jagen. Dat kon inhouden dat hij dagen spoorloos zou zijn – misschien wel weken. Hij zou kunnen worden doodgereden of veel met andere katten vechten. Waarschijnlijk was een gevecht ook de oorzaak van die wond geweest. Ongecastreerde katers bakenen hun territorium fanatiek af en verspreiden een onprettig geurtje om dat aan te geven. Bob was waarschijnlijk het territorium van een ander binnengewandeld en had dat moeten bezuren. En misschien was ik overbezorgd, maar er was ook nog de kans – oké, een heel kleine – dat hij ziektes opliep als felv en fiv, de kattenvariant van hiv. En ten slotte, maar niet minder belangrijk, zou hij, als hij bij me bleef veel rustiger en aanhaliger zijn. Hij zou niet meer zo fanatiek rondrennen.

Het lijstje met argumenten om niet te castreren was heel kort. Hij zou niet geopereerd hoeven worden. Dat was het eigenlijk.

Het was dus geen moeilijke keus.

Ik belde de dierenarts en kreeg een verpleegster aan de lijn.

Ik legde de situatie uit en vroeg of hij in aanmerking kwam

voor een gratis operatie. Ze zei van wel, als ik tenminste een verklaring van de dierenarts had bij wie ik was geweest voor zijn poot en die de vlooien- en wormmedicijnen had voorgeschreven.

Het enige waar ik me nog zorgen over maakte was het medicijn dat hij nog steeds slikte. Ik vertelde dat hij bijna klaar was met een antibioticakuur, maar dat vond ze geen probleem. Ze raadde me aan om hem twee dagen later te laten opereren.

'U brengt hem 's ochtends en als alles goed gaat, kunt u hem aan het eind van de middag weer ophalen.'

Op de dag van de operatie stond ik vroeg en opgewekt op. Ik moest om tien uur bij de dierenarts zijn. Het was voor het eerst dat we samen weggingen na ons bezoek aan de dierenarts.

Hij was de flat niet uit geweest, behalve om zijn behoefte te doen, omdat hij nog aan de antibiotica zat. Dus stopte ik hem in dezelfde groene bak, waarin ik hem veertien dagen eerder naar de dierenarts had willen brengen. Het was slecht weer, dus legde ik de deksel losjes op de bak toen we buiten waren. Net zoals de eerste keer vond hij het niet prettig in de bak en stak zijn koppie eruit om de wereld te bekijken.

De Abbey Clinic is een klein gebouwtje, ingeklemd tussen een krantenwinkel en een medisch centrum, en te midden van een groot aantal winkels op Dalston Lane. We waren ruim op tijd voor onze afspraak. Het was er bomvol. De bekende chaos van honden die aan hun riemen trokken en gromden naar katten in hun kattenmandjes. Bob viel enorm op in zijn geïmproviseerde mandje, en was een dankbaar slachtoffer van hun agressie. Weer zag ik overal Staffies met hun neanderthaler-eigenaars.

De meeste katten zouden doodsbang zijn, zeker weten. Maar Bob niet. Die schrok niet eens. Hij leek al zijn vertrouwen in mij te hebben gesteld.

Toen mijn naam werd afgeroepen, kwam er een verpleegster

van een jaar of twintig naar ons toe. Ze had papieren bij zich en nam me mee naar een kamertje om wat standaardvragen te stellen.

'Als de castratie is gelukt, kan het nooit meer ongedaan worden gemaakt. Dus weet je zeker dat je het wilt?'

Glimlachend knikte ik.

'Ja, heel zeker,' zei ik en ik aaide Bob over zijn kop.

Maar haar volgende vraag was lastiger.

'Hoe oud is Bob?'

'Eh... dat weet ik echt niet.' En ik vertelde haar in het kort de situatie.

'Hm. Eens even denken.' Ze legde me uit dat het feit dat hij niet gecastreerd was, een indicatie voor zijn leeftijd was. 'Katten en katers zijn zo rond de zes maanden seksueel volgroeid. Als ze "intact" blijven, komen er duidelijk zichtbare fysieke veranderingen. Een kater wordt bijvoorbeeld dikker in zijn gezicht, vooral rond de wangen. Ook krijgen ze een dikkere vacht en worden doorgaans groter dan gecastreerde katers. Hij is niet zo groot, dus ik denk dat hij negen of tien maanden is.'

Toen ze me de ontslagformulieren gaf, vertelde ze dat er een kleine kans op complicaties was. 'Voor we gaan opereren onderzoeken we hem en misschien doen we nog een bloedtest. Treden er problemen op, dan nemen we contact met u op.'

'Oké,' zei ik wat schaapachtig. Ik had geen mobiel, dus konden ze moeilijk contact met me opnemen.

Hierna nam ze de hele procedure met me door. 'De operatie gebeurt onder volledige narcose en is heel standaard. De testikels worden verwijderd doordat er twee sneetjes in de balzakken worden gemaakt.'

'Oef, Bob,' zei ik en klopte hem even op zijn rug.

'Als alles goed gaat, kun je Bob over zes uur ophalen.' Ze keek op haar horloge. 'Dus rond halfvijf. Is dat oké?'

'Ja, prima. Tot straks dan.'

Ik gaf Bob nog een laatste aai en liep naar buiten. Daar regende het weer eens.

Ik had geen tijd om naar het centrum te gaan. Tegen de tijd dat ik daar een paar liedjes zou hebben gezongen, zou ik al weer terug moeten. Dus besloot ik op het dichtstbijzijnde treinstation mijn geluk te beproeven: Dalston Kingsland. Er waren betere plekken, maar ik kon er een paar pond verdienen terwijl ik wachtte tot het tijd was om Bob op te halen. Ook zat er een leuk schoenmakerswinkeltje naast het station waar ik zou mogen schuilen voor de regen.

Terwijl ik speelde, probeerde ik Bob uit mijn gedachten te bannen. Ik wilde niet denken aan zijn operatie. Hij had hoogstwaarschijnlijk zijn hele leven op straat geleefd en kon van alles hebben opgelopen. Ik kende verhalen over katten die voor een standaardoperatie de ok ingingen en het er niet levend van af hadden gebracht. Wanhopig probeerde ik deze zwarte gedachten weg te drukken. Het feit dat er boven mijn hoofd grote, zwarte wolken dreven hielp niet echt.

De tijd kroop heel, heel langzaam voorbij. Maar eindelijk was het kwart over vier en zocht ik mijn spullen bij elkaar. De laatste honderd meter naar de kliniek legde ik bijna rennend af.

De verpleegster die ik 's ochtends ook al had gezien, stond achter de balie met een collega te praten en begroette me vriendelijk.

'Hoe is het met hem? Ging alles goed?' vroeg ik hijgend.

'Het gaat prima met hem. Echt waar. Kom even op adem, dan breng ik je zo naar hem toe.'

Het voelde heel raar. Ik had me jarenlang om niets en niemand bezorgd gemaakt.

Ik liep achter de verpleegster aan en zag Bob in een lekker warme kooi liggen.

‘Ha, Bob, jochie, hoe gaat het met je?’

Hij was nog slaperig en suf en herkende me eerst niet. Maar toen hij zag wie ik was, kwam hij overeind en sloeg naar de tralies van de kooi alsof hij wilde zeggen: ‘Haal me hieruit.’

Ik moest een ontslagformulier ondertekenen en de verpleegster controleerde Bob om te zien of ik hem kon meenemen.

Ze was echt heel aardig en behulpzaam, wat plezierig was, na mijn ervaring bij de dierenbeschermingsarts. Ze liet me zien waar de sneetjes zaten. ‘Dat blijft nog wel een paar dagen opgezet en gevoelig, maar dat is heel normaal. Controleer alleen of het niet gaat ontsteken of zo. Als dat zo is, moet je ons bellen of langskomen, dan kunnen we er wat aan doen. Maar ik weet zeker dat het allemaal goed met hem zal gaan.’

‘Hoelang blijft hij zo suf?’ vroeg ik.

‘Het kan een paar dagen duren voor hij weer helemaal de oude is. Maar hoelang precies varieert. Sommige katten zijn meteen helemaal helder. Andere blijven een paar dagen sloom en suf. Meestal zijn ze binnen achtenveertig uur weer helemaal bij de pinken. En misschien eet hij morgen nog niet veel, maar ook dat zal niet lang duren. Blijft hij sloom en lusteloos, kom dan even langs of bel ons. Het gebeurt zelden, maar soms krijgt een kat last van infecties na zijn operatie.’

Ik had de groene bak meegenomen en wilde Bob optillen om hem erin te leggen toen ze zei: ‘Wacht even. Volgens mij heb ik iets beters.’

Ze liep weg en kwam even later terug met een mooi, lichtblauw draagmandje.

‘Maar die is niet van mij,’ zei ik.

‘Dat geeft niet. We hebben er hier ontzettend veel staan. Je kunt deze lenen. Geef hem maar terug als je een keer in de buurt bent.’

‘Meen je dat?’

Ik had geen idee hoe het ding daar gekomen was. Misschien was iemand hem vergeten mee te nemen. Of had iemand zijn kat ermee gebracht en was later tot de ontdekking gekomen dat het ding niet meer nodig was. Ik wilde er niet te lang bij stilstaan.

Het was duidelijk dat de operatie veel van Bob had gevergd. Hij lag half slapend in het draagmandje op weg naar huis. En in de flat sleepte hij zich langzaam naar zijn favoriete plekje bij de radiator, ging daar meteen liggen en sliep er de hele nacht.

De volgende dag ging ik niet werken, om op hem te passen. Het advies van de dierenarts was dat hij vierentwintig tot achtenveertig uur in de gaten moest worden gehouden op mogelijke bijwerkingen van de operatie. Ik moest vooral in de gaten houden of hij suf bleef, wat geen goed teken was. Het liep tegen het einde van de week en ik had geld nodig, maar ik zou het mezelf nooit kunnen vergeven als er iets misging, dus bleef ik thuis om Bob vierentwintig uur in de gaten te houden.

Gelukkig ging het goed met hem. De volgende dag was hij wat levendiger en at hij een beetje. Zoals de verpleegster had voorspeld, at hij minder dan normaal, maar wel een halve kom van zijn favoriete voer, wat ik een goed teken vond. Ook liep hij kleine stukjes door de flat. Maar hij was nog niet helemaal de oude.

In de dagen hierna werd hij steeds meer de oude Bob. Drie dagen na de operatie viel hij ouderwets enthousiast op zijn eten aan. Ik zag dat hij af en toe nog wat pijn had. Dan kromp hij ineen of stond plotseling stil, maar het gebeurde niet vaak.

Ik wist dat hij af en toe nog wel een druk halfuurtje zou hebben, maar ik was blij dat ik dit had gedaan.

4

Reiskaartje

Toen de veertien dagen bijna voorbij waren, bedacht ik dat Bob weer terug de straat op moest. Daar kwam hij vandaan – en ik nam aan dat hij daarnaar terug zou willen.

Hij ging nog steeds goed vooruit en zag er veel gezonder uit dan de eerste keer dat ik hem zag. Ook was hij wat dikker geworden.

Dus een dag of twee nadat de kuur was afgelopen en hij helemaal hersteld was, nam ik Bob mee naar beneden. We liepen het pad af naar het hek en ik wees hem hoe hij bij de straat moest komen.

Hij stond stokstijf stil en keek me aan alsof hij wilde zeggen: 'Wat wil je nou dat ik doe?'

'Toe maar, ga dan, toe maar,' zei ik en gebaarde met mijn handen in de goede richting.

Het had totaal geen effect.

Even hielden we een wedstrijdje elkaar aanstaren. Tot hij zich omdraaide en vertrok. Niet naar de straat, maar naar zijn plekje waar hij altijd zijn behoefte deed. Hij groef een kuiltje, begroef wat hij had gedaan en kwam weer naar me toe.

Deze keer keek hij me aan alsof hij wilde zeggen: 'Oké, ik heb gedaan wat je wilde. En nu?'

Toen begon zich voor het eerst een gedachte bij me te vormen.

'Volgens mij wil je hier helemaal niet weg,' zei ik zachtjes tegen hem.

Aan de ene kant was ik blij. Ik vond hem prettig gezelschap en hij was bijzonder. Maar aan de andere kant was het te veel voor me. Ik vond het al moeilijk genoeg om voor mezelf te zorgen. Ik zat nog altijd in het afkickprogramma en zou daar ook nog wel even in zitten. Hoe kon ik dan in hemelsnaam voor een kat zorgen? Ook al was het zo'n intelligente en zelfstandige kat als Bob? Het was niet eerlijk – voor ons allebei niet.

Dus besloot ik met een bezwaard hart dat ik langzaamaan moest beginnen om hem overdag buiten te sluiten. Als ik 's ochtends ging werken, zou ik hem niet meer in de flat laten zitten. Ik zou hem mee naar buiten nemen en bij de beplanting achterlaten.

'Uit liefde,' zei ik tegen mezelf.

Hij vond het helemaal niets.

De eerste keer dat ik het deed, keek hij me vuil aan, alsof ik een verrader was. Toen ik met mijn gitaar over mijn schouder vertrok, liep hij zigzaggend achter me aan, als een spion die niet gezien wil worden. Maar zijn rode vacht viel op. Ik zag hem heen en weer schieten.

Iedere keer als ik hem zag, stond ik stil en gebaarde dat hij terug moest gaan. Onwillig hinkte hij dan een stukje terug en wierp me ondertussen vuile blikken toe. Uiteindelijk begreep hij de boodschap en verdween.

Toen ik een uur of zes later terugkwam, zat hij bij de ingang van het flatgebouw op me te wachten. Eigenlijk wilde ik hem niet binnenlaten, maar ik was zo blij dat ik hem zag dat ik hem toch meenam naar mijn flat. Daar ging hij direct aan mijn voeten liggen.

De volgende dagen ontwikkelden we een zekere routine.

Iedere ochtend liet ik hem buiten achter en iedere avond als ik terugkwam van het spelen, wachtte hij op me. In een steegje in de buurt of – als iemand hem overdag had binnengelaten – op de mat voor mijn deur. Hij was niet van plan weg te gaan, zoveel was duidelijk.

Ik vond dat ik de laatste stap moest zetten: hem ook 's nachts buitensluiten. De eerste keer dat ik dat wilde doen, zag ik hem rondhangen bij de vuilnisbakken en probeerde ik naar binnen te glippen zonder dat hij me zou zien. Dat was dom. Hij was een kat. Hij had meer gevoel in een van zijn snorharen dan ik in mijn hele lijf. Ik had de deur van het flatgebouw nog niet opengedaan of hij schoot al naar binnen. Die nacht liet ik hem in de gang achter. Toen ik 's ochtends mijn deur uit kwam, zat hij op de deurmat. De ochtenden hierna verliepen hetzelfde.

Iedere ochtend als ik de flat uit kwam, wachtte hij ergens in de gang of buiten op me. En iedere avond vond hij een manier om het gebouw binnen te glippen.

En toen hij merkte dat hij dit niet ging winnen, bedacht hij wat anders. Hij begon me op straat te volgen.

De eerste keer kwam hij tot de hoofdweg, maar ging terug toen ik hem wegjoeg. De keer daarna volgde hij me ongeveer honderd meter over die weg naar Tottenham High Road, waar ik de bus naar Covent Garden nam.

Ik bewonderde zijn vasthoudendheid en onverzettelijkheid. Maar ik vervloekte hem ook. Ik raakte hem gewoon niet kwijt.

Iedere dag liep hij een stukje verder mee – en werd brutaler. Ik vroeg me af of hij ooit, nadat ik hem alleen had gelaten, verder zou blijven lopen en ergens anders onderdak zou vinden.

Maar iedere avond als ik thuiskwam, was hij er – wachtte hij op mij. Ik wist dat een van ons uiteindelijk zou moeten toegeven. En dat gebeurde ook.

Op een dag ging ik, zoals altijd, naar mijn werk. Ik droeg mijn grote, zwarte akoestische gitaar met rode naden samen met mijn rugzak op mijn rug en liep naar beneden.

Bob zat in een steegje en ik begroette hem. Toen hij me begon te volgen, gebaarde ik dat hij terug moest gaan. Zoals altijd.

'Je moet hier blijven. Je kunt niet mee.'

Deze keer leek de boodschap over te komen en droop hij af. Terwijl ik naar de weg liep, keek ik af en toe achterom om te zien of hij me toch nog volgde, maar ik zag hem niet. Misschien heeft hij het deze keer dan toch echt begrepen, zei ik tegen mezelf.

De halte van de bus naar Covent Garden was aan de overkant van de Tottenham High Road, een van de drukste en gevaarlijkste straten van Noord-Londen. Ik moest dus oversteken. Ook nu raceten auto's, vrachtauto's en brommers over de weg.

Terwijl ik op de stoep uitkeek naar een mogelijkheid om over te steken, zodat ik de bus kon halen die ik zo'n honderd meter verderop in het verkeer vast zag staan, voelde ik iemand – of iets – tegen mijn been wrijven. Ik keek naar beneden en zag een bekende naast me staan. Tot mijn afgrijzen zag ik dat Bob hetzelfde deed als ik: kijken naar een mogelijkheid om over te steken.

'Wat doe jij hier, verdorie?' vroeg ik.

Hij keek me aan alsof ik een ontzettend stomme vraag had gesteld. Daarna keek hij weer naar de weg en schoof dichter naar de stoeprand. Klaar om de oversteek te wagen.

Dat kon ik niet toestaan. Het zou zelfmoord zijn. Dus tilde ik hem op en zette hem op mijn schouder, want ik wist dat hij dat een fijn plekje vond. Hij ging meteen makkelijker zitten, en leunde tegen mijn hoofd. Zigzaggend tussen het verkeer door stak ik over.

Aan de overkant sprong hij van mijn schouder af en verdween in de mensenmassa. Misschien zie ik hem nu nooit meer, dacht ik. Hij was nu echt ver van huis.

Even later stond de bus voor mijn neus. Een ouderwetse rode dubbeldekker, waar je achterin in kon springen. Ik ging op een bankje zitten en zette mijn gitaar in de bagageruimte vlak bij waar de conductrice stond. Ineens vloog er een rode flits voorbij. Voordat ik het goed en wel in de gaten had, zat Bob op de plek naast me.

Ik was verbijsterd. En eindelijk drong het tot me door dat ik deze kat nooit zou afschudden. En er drong nog iets anders tot me door.

Ik klopte op mijn schoot en Bob klom er meteen op. Pal hierna kwam de conductrice langs, een vriendelijke West-Indische dame die glimlachend van Bob naar mij keek.

'Is hij van jou?' vroeg ze en ze aaide Bob even.

'Het schijnt van wel.'

5

Aandachttrekker

Zo'n drie kwartier zat Bob rustig naast me, met zijn neus tegen het raam gedrukt om de wereld te bekijken. Hij leek het prachtig te vinden: al die auto's, fietsers, vrachtauto's en voetgangers die voorbijsuisden. Hij was totaal niet bang.

Eén keer deinsde hij achteruit, weg van het raam, en keek me even aan. Dat was toen het geluid van sirenes van politie en brandweer of ambulance wel erg snel naderde. Het verbaasde me en weer vroeg ik me af waar hij vroeger had gewoond. Als hij op straat had geleefd, zou hij toch al lang aan sirenes gewend moeten zijn.

'Rustig maar, er is niets aan de hand,' zei ik terwijl ik hem geruststellend in zijn nek aaide. 'Zo klinkt de Londense binnenstad, Bob, wen er maar aan.'

Toch vond ik het gek dat ik het gevoel had dat hij in mijn leven zou blijven, hoewel ik wist dat hij een straatkat was en ieder moment uit mijn leven kon verdwijnen. Ik wist gewoon dat dit niet de laatste keer was dat we dit ritje samen maakten.

We naderden de halte waar ik altijd uitstapte, bij het metrostation Tottenham Court Road. Ik pakte mijn gitaar, tilde Bob op en liep naar de uitgang. Op de stoep haalde ik uit mijn zak de riem van schoenveters, die ik daar de avond ervoor in had gestopt nadat ik Bob had uitgelaten.

Ik deed die om zijn nek en zette hem toen op de grond. Ik wilde niet dat hij hier los zou lopen. Het kruispunt Tottenham Court Road en New Oxford Street was ontzettend druk met winkelend publiek, toeristen en gewone Londenaars die hun ding deden. Hij zou binnen een paar tellen verdwaald zijn – of, nog erger, worden aangereden door een van de bussen of zwarte taxi's die over Oxford Street zoefden.

Bob vond het allemaal doodeng. Hij kende de buurt niet – oké, daar ging ik van uit, ik wist het natuurlijk niet zeker. Terwijl we verder liepen, merkte ik aan zijn gespannen lijf en doordat hij steeds naar me keek dat hij niet op zijn gemak was. Dus besloot ik via binnendoorweggetjes naar Covent Garden te lopen.

'Kom, Bob. We nemen een rustigere route.'

Maar zelfs toen was hij niet honderd procent op zijn gemak. Terwijl we ons door de menigte werkten, keek hij me aan alsof hij wilde zeggen: 'Ik ben hier helemaal niet gerust op.' En al na een paar meter had ik in de gaten dat hij wilde dat ik hem zou optillen.

'Oké, maar ik ga er geen gewoonte van maken, hoor,' zei ik en tilde hem op en zette hem op mijn schouder, net als bij Tottenham High Road. Hij ging snel makkelijk liggen, in een soort bocht op mijn rechterschouderblad, met zijn voorpoten op mijn bovenarm. Hij keek om zich heen alsof hij in het kraaiennest van een piratenschip zat. Inwendig kon ik erom lachen. Dan was ik Long John Silver, alleen had ik geen papegaai, maar een kat op mijn schouder.

Nu had hij het naar zijn zin. Ik voelde hem spinnen terwijl we tussen de mensen door New Oxford Street overstaken en via achterafstraatjes naar Covent Garden liepen.

Het werd steeds minder druk op straat en na een tijdje vergat ik Bob zelfs. De gebruikelijke gedachten over mijn werk eisten mijn aandacht op. Zou het weer goed blijven, zodat ik vijf uur zou kunnen spelen? Antwoord: misschien. Het was nu bewolkt, maar de wolken waren wit en hingen hoog in de lucht. Dus een kleine kans op regen. Wat voor soort mensen zouden er in Covent Garden zijn? Nou, het liep tegen Pasen, dus er zouden veel toeristen rondlopen. Hoelang zou het duren voordat ik de twintig, dertig pond bij elkaar had gespeeld die ik nodig had voor de komende dagen voor mij – en nu ook Bob? Nou, gisteren had het bijna vijf uur geduurd. Misschien zou het vandaag sneller gaan, misschien ook niet. Dat was het probleem met gitaar spelen voor geld: je wist het nooit.

Zo liep ik in stilte te piekeren, toen me ineens iets opviel.

Normaal gesproken besteedde niemand veel aandacht aan me. Ik was een straatmuzikant en dit was Londen. Ik bestond niet. Ik was iemand die ontweken werd, gemeden. Maar deze middag, op Neal Street, keek bijna iedereen naar me. Oké, eigenlijk keken ze naar Bob.

Een paar keken bevreemd, wat ik best verklaarbaar vond. Het zal een raar gezicht zijn geweest: een grote kerel met lange haren en een grote rode kater op zijn schouder. Niet iets wat je dagelijks tegenkomt – zelfs niet in Londen.

Maar de meeste mensen reageerden vriendelijk. Zodra ze Bob zagen, begonnen ze te glimlachen. En het duurde niet lang of er bleven mensen stilstaan.

‘Ach, kijk nou,’ zei een goed geklede vrouw van middelbare leeftijd, die beladen was met boodschappentasjes. ‘Hij is prachtig. Mag ik hem aaien?’

'Natuurlijk,' zei ik.

Ze zette haar tassen op de grond en bracht haar gezicht naast het zijne.

'Wat een lief kereltje ben jij,' zei ze. 'Het is toch een mannetje, hè?'

'Ja.'

'Is het niet knap zoals hij op je schouder zit? Dat zie je niet vaak. Hij moet je echt helemaal vertrouwen.'

Ik had amper afscheid genomen van deze vrouw toen er twee meisjes op ons afkwamen. Ze hadden de vrouw Bob zien aaien en ik denk dat ze dachten dat ze hetzelfde mochten doen. Het bleken twee Zweedse tieners op vakantie te zijn.

'Hoe heet hij? Mogen we een foto van hem maken?' vroegen ze. Ik had nog maar net ja geknikt toen de foto's al waren gemaakt.

'Hij heet Bob.'

'Ah, Bob. Cool.'

We praatten nog eventjes. Een van hen had zelf een kat en liet me een foto zien. Na een paar minuten moest ik het gesprek echt afbreken, anders hadden we nog uren staan praten.

We liepen verder in de richting van Long Acre. Maar we schoten niet op. Zodra de ene bewonderaar weg was gelopen, kwam de volgende er al aan en liep die weer door, kwam de volgende – en de volgende. Ik kon geen meter lopen zonder dat iemand me vroeg of hij Bob mocht aaien.

In dit tempo kwam ik nergens. Normaal kostte het me amper tien minuten om van de bushalte naar mijn plekje in Covent Garden te lopen, maar nu was ik al de dubbele tijd onderweg en ik was er nog niet eens. Iedereen wilde met Bob praten. Idioot eigenlijk.

Toen we eindelijk in Covent Garden waren, was het bijna een uur later dan anders.

Bedankt, Bob, door jou speel ik nu een uur korter. Je kost me geld, dacht ik een beetje spottend.

Maar het was een serieus probleem. Als ik door hem iedere dag zoveel langer onderweg was, dan kon ik hem niet meer meenemen. Maar al snel zou ik daar anders over denken.

Ik speelde destijds al anderhalf jaar in Covent Garden. Meestal begon ik om twee, drie uur 's middags en ging door tot een uur of acht 's avonds. Dat waren de beste uren om toeristen en mensen die gewinkeld hadden of uit hun werk naar huis liepen te onderscheppen. In de weekenden was ik er vroeger, rond lunchtijd. Op donderdag, vrijdag en zaterdag speelde ik vaak langer door om te profiteren van de gulheid van de Londenaars die het eind van hun werkweek gingen vieren.

Ik leerde flexibel te zijn in het zoeken naar publiek. De beste plek was de stoep pal naast het metrostation Covent Garden op James Street. Daar werkte ik tot ongeveer half-zeven, het avondspitsuur. En de laatste paar uur liep ik langs de kroegen in Covent Garden, waar mensen buiten rookten en dronken. In de zomermaanden was dit zeer lucratief, als ambtenaren met een pilsje en een sigaret van het avondzonnetje genoten.

Maar het kon ook link zijn. Sommige mensen vonden me vervelend als ik langskwam en werden onbeschoft, scholden me uit. 'Sodemieter op, eikel'; 'Ga een echt baantje zoeken, hufter'. Dat soort dingen. Maar dat hoorde erbij. Ik was eraan gewend. En de meeste mensen vonden het leuk als ik een liedje speelde en zong en gaven me geld.

Spelen op James Street was een gok. Technisch gesproken mocht ik daar niet zijn.

De wijk Covent Garden is namelijk voor mensen die op straat wonen opgedeeld in sectoren. Dat hebben ambtenaren van de wijkraad voor ons geregeld, een onofficiële instelling die we de Covent Guardians noemen.

Mijn stek was aan de oostkant van Covent Garden, bij het Royal Opera House en Bow Street. De Covent Guardians hadden bepaald dat daar de muzikanten mochten werken. Aan de andere kant van het plein, de westkant, mochten de artiesten hun kunsten vertonen. Maar de jongleurs en entertainers stonden meestal onder het balkon van de Punch & Judy, een kroeg met luidruchtig publiek dat hen waardeerde.

James Street, waar ik begon met spelen, was eigenlijk het domein van de menselijke standbeelden. Een kerel verkleed als Charlie Chaplin deed het vroeger heel goed, maar werkte niet meer zo vaak. Dus meestal stond er niemand. Daarom had ik er mijn stek van gemaakt. Ik liep het risico verwijderd te worden door de Covent Guardians, maar ik waagde de gok en meestal pakte dat goed uit. Er kwamen ontzettend veel mensen uit het metrostation. Als maar één op de duizend mensen me iets gaf, dan had ik een goede dag.

Het was net na drieën toen ik eindelijk op mijn stek stond. Toen we door James Street liepen, waren we voor de tigste keer tegengehouden. Deze keer door een homo die waarschijnlijk net had gesport, want hij was helemaal bezweet.

Hij was heel enthousiast en vroeg zelfs, ik denk voor de grap, of hij Bob kon kopen.

'Nee, man, hij is niet te koop,' zei ik vriendelijk, voor het geval hij het meende. Terwijl we verder liepen, zei ik hoofdschuddend tegen Bob: 'Dit kan alleen in Londen, jochie, alleen in Londen.'

Toen ik bij mijn stek kwam, keek ik goed om me heen of de kust veilig was. Ik zag geen Covent Guardians. Bij het metrostation werkten een paar mensen die me soms wegjoegen, omdat ze wisten dat ik daar niet mocht staan, maar ook die zag ik niet. Dus zette ik Bob op de stoep, ritste de gitaarkoffer open, trok mijn jasje uit en stemde mijn gitaar.

Meestal kost het me iets meer dan tien minuten om aan de slag te gaan en spelend en zingend de aandacht van de mensen te trekken. Maar vandaag gooiden verschillende mensen al geld in de gitaarkoffer nog voor ik een noot had gespeeld. Aardig van ze.

Pas toen ik mijn vingers losspeelde, hoorde ik waarom. Ik stond met mijn rug naar de straat toen ik weer een muntje in de koffer hoorde vallen en iemand hoorde zeggen: 'Leuke kat.'

Ik draaide me om en zag een onopvallende man van ergens in de twintig zijn duim naar me opsteken en glimlachend weglopen. Ik was verbaasd. Bob lag opgerold tot een schattig bolletje midden in mijn lege gitaarkoffer. Ik wist dat hij een charmeur was, maar dit was toch wel het toppunt.

Ik had mezelf als tiener in Australië leren gitaar spelen. Mensen deden dingen voor en dan oefende ik net zo lang tot ik het zelf kon. Ik kocht mijn eerste gitaar toen ik vijftien of zestien was. Dus behoorlijk op leeftijd. Ik kocht een oude elektrische gitaar bij een lommerd in Melbourne. Tot dan toe speelde ik op akoestische gitaren van vrienden, maar zelf wilde ik graag een elektrische. Jimi Hendrix vond ik fantastisch en ik wilde net zo spelen als hij.

De liedjes die ik speelde, waren deuntjes die ik al jaren graag speelde. Kurt Cobain was altijd een held van me geweest, dus er zat Nirvana bij. Maar ik speelde ook liedjes van Bob Dylan en Johnny Cash. Een van de populairste liedjes was 'Hurt', oorspronkelijk van Nine Inch Nails, maar gecoverd door Johnny Cash. Deze laatste versie was veel makkelijker om te spelen, omdat het een akoestisch stuk was. Ik speelde ook 'The Man In Black' van Johnny Cash. Dat was een fijn lied om te spelen – en heel passend, want ik ging meestal in het zwart gekleed. Maar het populairste liedje uit mijn repertoire was 'Wonderwall' van Oasis. Dat vonden de mensen altijd leuk, zeker 's avonds bij de kroegen.

Iedere dag speelde ik min of meer hetzelfde. Dat vonden de mensen fijn. Dat wilden de toeristen horen. Meestal begon ik met 'About A Girl' van Nirvana om mijn vingers los te spelen. Dus ook vandaag. Bob zat voor me en zag de mensenmassa uit het metrostation stromen.

Ik had nog maar een paar minuten gespeeld toen er een groepje kinderen voor me stilstond. Ze hadden allemaal Braziliaanse voetbalshirts aan en praatten Portugees. Een van hen, een meisje, bukte zich en aaide Bob.

'Ah, *gato bonita*.'

'Ze zegt dat je een mooie kat hebt,' tolkte een jongen voor haar.

Ze waren op vakantie in Londen en waren helemaal weg van Bob. Bijna meteen stonden er andere mensen stil om te kijken wat er aan de hand was. Een stuk of vijf Braziliaanse kinderen en andere omstanders haalden hun portemonnee tevoorschijn en het regende ineens munten in de koffer.

'Zo te zien ben je geen slecht gezelschap, Bob. Misschien neem ik je toch wat vaker mee.'

Omdat ik niet van plan was geweest hem mee te nemen, had ik weinig voor hem bij me. Eigenlijk alleen wat kattenbrokken die ik standaard in mijn rugzak had zitten, dus af en toe gaf ik hem er een paar. Net als ik zou hij nog even moeten wachten op een goede maaltijd.

Toen de late middag overging in de vroege avond en er steeds meer mensen naar huis of naar West End gingen, trok Bob nog meer bekijks. De mensen vonden hem duidelijk interessant.

Toen het begon te schemeren maakte een dame van middelbare leeftijd een praatje met me.

'Hoelang heb je hem al?' vroeg ze terwijl ze Bob aaide.

'O, nog maar een paar weken. Je zou kunnen zeggen dat we elkaar tegen het lijf zijn gelopen.'

'Tegen het lijf gelopen? Klinkt spannend.'

Eerst was ik achterdochtig. Misschien was ze van de dierenbescherming en ging ze me vertellen dat ik geen enkel recht had om hem te houden. Maar ze bleek een echte kattengek te zijn.

Glimlachend luisterde ze naar het verhaal over onze ontmoeting en over hoe ik hem veertien dagen had verzorgd.

'Ooit had ik ook een rode kat. Jaren geleden.' Even was ik bang dat ze in tranen zou uitbarsten. 'Je boft dat jullie elkaar tegen het lijf zijn gelopen. Het zijn heel goede maatjes. Ze zijn heel rustig en gehoorzaam. Je hebt een echte vriend gevonden.'

'Volgens mij hebt u helemaal gelijk,' zei ik glimlachend.

Ze liet vijf pond in de gitaarkoffer vallen voor ze verder liep.

Bob was een echte casanova. Ongeveer zeventig procent van de mensen die bij ons stilstonden waren vrouwen.

Al na een uurtje had ik evenveel opgehaald als normaal op een goede dag; iets meer dan vijfentwintig pond.

Geweldig.

Maar iets in me zei dat ik nog niet moest stoppen, dat ik nog even door moest gaan.

Eerlijk gezegd wist ik nog altijd niet precies wat ik van Bob moest denken. Hoewel ik zeker wist dat hij en ik voor elkaar waren voorbestemd, ging ik er toch van uit dat hij ooit zou vertrekken en zijn eigen leven zou gaan leiden. Dat vond ik alleen maar logisch. Hij was toevallig mijn leven binnengewandeld en zou daar ook weer uitwandelen, wat vast snel zou gebeuren. Dus toen de mensen stilstonden om Bob te bewonderden, vond ik dat ik daar dan maar gebruik van moest maken. Twee vliegen in één klap slaan.

'Als hij met me mee wil voor de gezelligheid, is dat prima. En als ik dan meteen wat geld ophaal, is dat mooi meegenomen.'

Maar het was inmiddels veel meer dan wat geld.

Meestal haalde ik rond de twintig pond per dag op, wat voldoende was om een paar dagen van te leven en om de kosten van mijn flat te kunnen betalen. Maar toen ik die avond rond acht uur ophield, zag ik dat ik veel meer dan twintig pond had opgehaald.

Het kostte me minstens vijf minuten om alle munten uit te zoeken. Er lagen misschien wel honderden munten en zelfs een paar biljetten.

Toen ik eindelijk alles had opgeteld, schudde ik ongelovig mijn hoofd. Het was het ongelooflijke bedrag van £63,77. Misschien niet veel voor de meeste mensen die in Covent Garden wandelden, maar voor mij wel.

Ik stopte alle munten in mijn rugzak en hing die op mijn rug. Het ding rammelde als een enorme kassa. En woog minstens een ton! Maar ik was in de zevende hemel. Zoveel had ik nog nooit in een dag bij elkaar gespeeld. Het was ongeveer drie keer zoveel als op een normale dag.

Ik tilde Bob op en aaide hem in zijn nek.

'Goed gedaan, jochie. Dat noem ik nog eens een vruchtbare avond.'

Ik besloot niet meer langs de kroegen te gaan. Ik wist dat Bob honger had, en zelf lustte ik ook wel wat. We gingen naar huis.

Met Bob weer op mijn schouder liep ik naar de bushalte op Tottenham Court Road. Ik was niet onbeleefd, maar liep gewoon door als er iemand glimlachend naar ons keek. Als ik dat niet zou doen, waren we voor middernacht nog niet thuis.

'We gaan straks iets lekkers eten, Bob,' zei ik toen we in de bus naar Tottenham zaten. Weer drukte hij zijn neus tegen het raam om naar het verkeer en de lampjes te kijken.

Bij de bushalte vlak bij een leuk Indiaas restaurant op Tottenham High Road stapten we uit. Ik was er vaak langsgelopen en had de uitgebreide menukaart bekeken, maar had het me nooit kunnen veroorloven er iets te bestellen. Ik ging altijd naar een goedkopere eettent bij me in de buurt.

Deze keer liep ik naar binnen en bestelde een kip tikka marsala met citroenrijst, een peshwari naan en een saag paneer. De bediening keek me een beetje verwonderd aan toen ze Bob aan de riem naast me zagen staan. Dus zei ik dat ik over twintig minuten terug zou komen en liep met Bob naar een supermarkt aan de overkant.

Met het geld dat we hadden opgehaald, kocht ik voor hem een duur blikje kattenvoer, twee pakjes van zijn favoriete brokjes en een pakje kattenmelk. Voor mezelf kocht ik een paar blikjes bier.

'We gaan het vieren, Bob. Dit is een gedenkwaardige dag.'

Nadat ik mijn diner had opgehaald, rende ik zowat naar huis. Er stegen heerlijke geuren op uit de bruine, papieren zak van het restaurant. Zodra we binnen waren, vielen Bob en ik als uitgehongerde wolven aan op ons eten. Ik had in maanden niet zo lekker gegeten. Oké, in jáaren niet. En Bob ook niet, volgens mij.

Daarna buikten we een paar uur uit – ik voor de televisie, hij op zijn favoriete plekje bij de radiator. En die nacht sliepen we als rozen.

6

De man en zijn kat

De volgende ochtend werd ik wakker, omdat er iets hard op de grond viel. Het duurde even voordat ik goed wakker was, maar toen begreep ik wat er gebeurd moest zijn. Het metalige geluid was uit de keuken gekomen. Wat betekende dat Bob weer eens geprobeerd had het deurtje van het kastje waarin ik zijn eten bewaarde open te krijgen, waarbij hij iets omver had geduwd.

Ik keek op de klok. Halverwege de ochtend. Na alle opwinding van de vorige avond, had ik geen wekker gezet, maar Bob vond het blijkbaar mooi geweest. Dit was zijn manier om te zeggen: 'Opstaan! Ik wil ontbijt!'

Ik sleepte mezelf uit bed en wankelde naar de keuken. Het kleine pannetje waarin ik melk kookte, lag op de grond.

Toen hij me zag, sloop Bob doelbewust naar zijn bakje.

'Oké, jochie. De boodschap is duidelijk.' Ik maakte het kastje open, pakte zijn favoriete brokjes met kip, strooide er wat van in zijn bakje en keek toe hoe hij het naar binnen schrokte. Daarna dronk hij wat water uit het drinkbakje, likte zijn gezicht en poten schoon, liep naar de woonkamer, waar hij zeer tevreden met zichzelf weer op zijn favoriete plekje bij de radiator ging zitten.

Was het leven maar zo simpel, dacht ik.

Even had ik overwogen om niet te gaan werken, maar besloot uiteindelijk toch te gaan. Gisteravond was een onverwachte meevaller geweest, maar we konden niet heel lang leven van dat geld. Binnenkort moesten de elektriciteits- en gasrekeningen betaald worden en gezien de kou van de afgelopen maanden zou dat best eens schrikken kunnen worden. Ook begon het tot me door te dringen dat ik er een verantwoordelijkheid bij had, dat ik een extra mond moest voeden – een zeer hongerige mond.

Dus nadat ik snel mijn ontbijt naar binnen had gewerkt, zocht ik mijn spullen bij elkaar.

Ik wist niet of Bob vandaag weer mee zou gaan. Gisteren kon best eenmalig zijn geweest. Misschien wilde hij alleen maar weten wat ik ging doen als ik de flat uitliep. Toch, voor het geval dat, stopte ik wat kattensnacks in mijn rugzak.

Vroeg in de middag vertrok ik. Het was duidelijk wat ik ging doen: mijn rugzak en gitaar hingen op mijn rug. Als hij niet met me mee wilde, wat zelden gebeurde, liet hij me dat weten door achter de bank te kruipen. Heel even dacht ik dat hij dat nu zou doen. Toen ik de ketting van de deur haalde, liep hij namelijk die kant op. Maar vlak voor ik de deur achter me dicht wilde trekken, rende hij naar me toe en liep hij met me mee door de gang naar de trap.

Toen we beneden waren, rende hij meteen naar buiten, naar de beplanting om zijn behoefte te doen. Daarna trippelde Bob niet naar mij, maar naar de vuilnisbakken.

Die vuilnisbakken vond hij steeds interessanter worden. God mocht weten wat hij daar vond – en at. Misschien was dat de enige reden dat hij met me mee was gelopen. Ik vond het geen prettig idee dat hij het afval afstruinde, dus ging ik kijken wat er allemaal lag. Ik wist niet wanneer het vuilnis zou worden opgehaald. Gelukkig waren de vuilnismannen blijkbaar die ochtend al geweest, want er lag geen afval, alleen wat restjes waar Bob waarschijnlijk geen interesse voor had. Gerustgesteld wilde ik zonder hem vertrekken. Ik wist dat hij altijd op de een of andere manier in het gebouw wist te komen, zeker nu een paar buren hem kenden. Een paar maakten er een hele vertoning van als ze hem zagen. Een vrouw die op de verdieping onder me woonde, gaf hem altijd wat lekkers.

Waarschijnlijk zat hij op de gang op me te wachten als ik thuiskwam.

Oké, dacht ik en liep naar de Tottenham High Road. Bob had me gisteren geweldig geholpen, maar ik was niet van plan onze relatie uit te buiten door van hem te eisen dat hij iedere dag meeging. Hij was mijn maatje, niet mijn werknemer!

De laaghangende wolken waren grijs en er hing regen in de lucht. Het leek er dus op dat werken in de Londense binnenstad tijdverspilling zou zijn. Op een regenachtige dag levert muziek maken voor geld nooit veel op. In plaats van dat mensen met je meeleven, lopen ze je snel voorbij. Als bleek dat ik gelijk had, zou ik gauw weer naar huis gaan. Dan was ik liever bij Bob. Van het geld dat we gisteren hadden opgehaald, wilde ik een echte riem en halsband kopen.

Maar ik had nog geen tweehonderd meter gelopen toen ik merkte dat er iets achter me liep. Ik draaide me om en zag een bekend figuurtje op de stoep lopen.

'Ah, je bent van gedachten veranderd, zie ik,' zei ik terwijl hij naar me toe kwam.

Bob hield zijn koppie een beetje schuin en keek me aan alsof hij wilde zeggen: 'Tja, anders zou ik hier niet zijn, hè!'

Ik had de schoenveterriem nog in mijn zak, haalde die eruit en deed hem om Bobs nek. Samen liepen we verder.

De straten in Tottenham zijn heel anders dan die van Covent Garden, maar ook hier trokken we veel bekijks. En net als gisteren keken een paar mensen me bevreemd aan. Die dachten vast dat ik niet helemaal spoorde, omdat ik met een rode kat aan de riem liep.

'Als we dit vaker gaan doen, moet ik echt een goede riem voor je kopen,' zei ik tegen Bob.

Maar voor elke persoon die me bevreemd aankeek, kreeg ik van minstens vijf mensen een glimlach. Een West-Indische vrouw, beladen met boodschappentassen, keek ons breed grijnzend aan.

'Jullie zijn een mooi stel,' vond ze.

In al die maanden dat ik hier nu woonde, had nog nooit iemand iets tegen me gezegd op straat. Het was een rare, maar ook leuke ervaring. Alsof mijn Harry-Potter-onzichtbaarheidsmantel van me was afgegleden.

Bij het kruispunt op Tottenham High Road keek Bob me aan alsof hij wilde zeggen: 'Oké, je weet wat je moet doen,' dus tilde ik hem op en zette hem op mijn schouder.

In de bus ging Bob op zijn favoriete plekje zitten en drukte zijn neus tegen het raam. We waren onderweg.

Ik kreeg gelijk over het weer. Als snel kletterde de regen op de bus en maakte ingewikkelde patronen op het raam waar Bob nog steeds met zijn neus tegenaan gedrukt zat. Buiten zag je alleen maar paraplu's. Sommige mensen renden om zo snel mogelijk op hun plaats van bestemming te zijn.

Gelukkig was het praktisch droog toen we in de binnenstad waren. En ondanks het slechte weer waren er nog meer mensen dan gisteren op straat.

'We proberen het gewoon een paar uur,' zei ik tegen Bob, terwijl ik hem weer op mijn schouder zette en naar Covent Garden liep. 'Maar als het weer gaat regenen, gaan we naar huis.'

Op Neal Street hielden weer allerlei mensen ons tegen. Ik liet ze Bob aaien. Binnen tien minuten hadden minstens vijf mensen me gevraagd of ze een foto van ons mochten nemen.

Ik kwam er snel achter dat ik moest blijven lopen. Anders bleven de mensen komen.

Vlak voor ik James Street in wilde lopen, gebeurde er iets interessants.

Ineens voelde ik Bobs nagels in mijn schouder en voor ik het goed en wel in de gaten had, liet hij zich van mijn schouder op mijn arm glijden. Toen ik hem op de stoep liet springen, liep hij ineens voor me uit. Ik liet de riem los zodat hij zijn gang kon gaan. Het was duidelijk dat hij wist waar we waren en dat hij ergens naartoe wilde.

Hij liep recht naar de plek waar we gisteravond hadden gestaan. Daar wachtte hij tot ik mijn gitaar had gepakt en de gitaarkoffer op de grond had gelegd.

'Ga je gang, Bob.' Onmiddellijk ging hij in de koffer zitten, alsof hij daar hoorde. Hij ging zo zitten dat hij de wereld voorbij kon zien lopen – wat ook letterlijk zo was.

Ooit had ik de ambitie gehad om beroepsmuzikant te worden. Ik droomde ervan om de tweede Kurt Cobain te worden. Nu klinkt het naïef en stom, maar destijds was het mijn grote plan, toen ik naar Engeland ging.

Dat had ik mijn moeder en alle anderen in Australië verteld toen ik vertrok.

Heel kort leek het te lukken en had ik het gevoel dat mijn droom uit zou komen.

Het begon heel moeizaam, maar dat veranderde rond 2002, toen ik van de straat in een opvanghuis in Dalston belandde. Van het een kwam het ander en met een paar vrienden uit het huis richtte ik een band op. We vormden de viermansband Hyper Fury, wat veel zei over mij en mijn bandleden. De naam was in ieder geval voor mij goed gekozen.

Ik was boos op de wereld. Ik was echt bijzonder kwaad – over het leven in het algemeen en over het feit dat ik geen eerlijke kans kreeg. Mijn muziek was een uitlaatklep voor mijn woede en mijn angsten.

Daarom speelden we niet de geijkte muziek. Onze songs waren sarcastisch en zwartgallig, en onze teksten nog meer. Dat was niet zo vreemd als je bedenkt dat onze voorbeelden bands waren als Nine Inch Nails en Nirvana.

We brachten zelfs twee albums uit, hoewel EP's misschien de lading beter dekte. De eerste kwam uit in september 2003. Die maakten we samen met een andere band, Corrision. De EP heette *Corrision v Hyper Fury* en er stonden twee heftige tracks op: 'Onslaught' en 'Retaliator'. Wederom verwezen de titels naar onze muzikale filosofie. Zes maanden later brachten we ons tweede album uit: *Profound Destruction Unit*, met daarop drie songs. 'Sorry', 'Profound' en een nieuwe versie van 'Retaliator'. Het verkocht wel, maar zette niet de wereld op zijn kop. Met andere woorden: we werden niet geboekt voor Glastonbury.

Maar we hadden fans en konden een paar optredens regelen, voornamelijk in Noord-Londen en Camden. Daar was een gothic-achtige scene en daar pasten we goed bij. We zagen er net zo uit en speelden hun soort muziek. We traden op in kroegen en speelden op kraakfeesten. Eigenlijk speelden we overal waar we werden uitgenodigd. Toen kwam het moment dat we voor een doorbraak stonden. De grootste gig die we hebben gedaan was in de Dublin Castle, een beroemde muziekkroeg in Noord-Londen, waar we meerdere keren hebben opgetreden. En we speelden op het Gothic Summerfestival, wat destijds heel wat voorstelde.

Het ging toen zo goed met ons, dat ik met Pete van Corrision ons eigen onafhankelijke platenlabel begon: Corrupt Drive Records.

Maar dat liep niet lekker, of beter: ik liep niet lekker.

In die tijd had ik – naar later bleek een korte – relatie met mijn beste vriendin Belle. Als vrienden konden we bijzonder goed met elkaar opschieten. Ze is ontzettend zorgzaam en zorgde goed voor me, maar qua relatie was het vanaf het begin gedoemd te mislukken. Het probleem was dat zij ook aan de drugs verslaafd was. Ik was druk bezig af te kicken – en zij ook. Maar als een van ons probeerde clean te worden en te blijven, gebruikte de ander, en omgekeerd. Wederzijdse afhankelijkheid heet dat. En dat maakte het voor mij heel moeilijk om de cirkel te doorbreken.

Ik probeerde het wel, maar terugkijkend moet ik heel eerlijk zeggen dat ik niet al te hard mijn best deed. Ik denk mede doordat ik toen het gevoel had dat het me nooit zou lukken. De band zette ik op een laag pitje. Het was veel te makkelijk om in oude gewoonten terug te vallen.

Rond 2005 had ik geaccepteerd dat de band een hobby was, dat ik er niet van kon leven. Pete ging verder met het platenlabel en ik geloof dat het nog steeds bestaat. Maar ik had het zo druk met mijn verslaving, dat ik buiten de boot viel – alweer. Het bleek een van die kansen die ik liet glippen. Ik zal nooit weten wat het had kunnen worden.

Maar muziek ben ik altijd blijven spelen. Zelfs toen de band werd opgeheven en duidelijk was dat ik geen beroepsmuzikant was, oefende ik urenlang op mijn gitaar. Dat was een goede uitlaatklep voor me. God mag weten wat ik anders had gedaan. Voor geld spelen had mijn leven de laatste jaren enorm veranderd. Zonder dat – en het geld dat het opleverde – vrees ik dat ik heel gekke dingen zou hebben gedaan om in leven te blijven. Dingen waar ik niet over durf na te denken.

Die avond, toen ik begon te spelen, waren er ontzettend veel toeristen op de been. Het was een herhaling van de dag ervoor. Vanaf het moment dat ik begon – vanaf het moment dat Bob begon – stonden mensen, die anders voorbijliepen, stil en praatten tegen hem.

En weer waren dat meer vrouwen dan mannen.

Vlak nadat ik was begonnen, kwam er een vrouwelijke parkeerwachter voorbij met een nukkig voorkomen. Toen ze naar Bob keek, zag ik een brede glimlach op haar gezicht verschijnen.

'Ach, kijk nou toch,' zei ze en ze knielde naast hem neer om hem te aaien.

Mij keek ze amper aan en ze deed ook niets in de gitaarkoffer. Maar dat vond ik niet erg. Ik begon plezier te krijgen in de manier waarop Bob mensen kon opvrolijken.

Hij was natuurlijk een mooi dier. Zonder meer. Maar er was meer. Het was zijn persoonlijkheid die de aandacht trok. Mensen zagen iets in hem.

Ik zag het zelf ook. Hij had iets speciaals. Hij had een opmerkelijk contact met mensen. In ieder geval met mensen die het beste met hem voorhadden.

Heel af en toe zag ik hem iets verstijven als hij iemand zag die hij niet mocht. Toen we daar zaten, liep er een knappe, rijk uitziende knul uit het Midden-Oosten voorbij, met aan zijn arm een superknappe blondine. Ze kon best eens model zijn geweest.

'O, kijk toch. Wat een prachtige kat,' zei ze en stond abrupt stil. Ze trok aan de arm van de jongen om hem tegen te houden. Die leek totaal niet onder de indruk en wapperde afwijzend met een hand alsof hij wilde zeggen: 'Nou, en?'

Onmiddellijk veranderde Bobs lichaamshouding. Hij kromde zijn rug iets en draaide zijn lijf zo dat hij iets dichter bij mij zat. Heel subtiel, maar ik had het gezien.

Aan wie uit zijn verleden zou die knul Bob doen denken? dacht ik, terwijl het stelletje verder liep. Zou hij dat gebaar al eerder hebben gezien?

Ik zou er heel wat voor overhebben om zijn verhaal te kennen, om te weten waarom en waardoor hij die avond in de gang van mijn flatgebouw had gezeten. Maar dat was iets wat ik nooit zou weten. Ik kon er alleen maar naar raden.

Deze keer voelde ik me veel ontspannener dan de avond hiervoor. Ik denk dat Bobs aanwezigheid me toen psychologisch gezien een beetje van mijn stuk had gebracht. Ik was gewend om zelf mijn publiek te bespelen. En dat was hard werken. Geld uit portemonnees trekken was lastig. Met Bob erbij was dat anders. Het was in eerste instantie een beetje raar geweest, zoals hij de mensen bespeelde. Ook voelde ik me verantwoordelijk voor hem, zo tussen al die mensen in. Covent Garden zit – net als de rest van Londen – vol zonderlingen. Ik was bang dat iemand hem zou oppakken en met hem zou wegrennen.

Maar die dag voelde het anders. Die dag voelde ik dat we veilig waren, dat we daar hoorden te staan.

En toen ik begon te zingen en de munten in hoog tempo rinkelend in de koffer vielen, dacht ik: dit vind ik leuk.

Het was heel, heel lang geleden dat ik dat voor het laatst had gedacht.

Toen we drie uur later naar huis gingen, rammelden de munten in mijn rugzak en was die weer loodzwaar. Ook deze keer hadden we meer dan zestig pond opgehaald.

Deze keer wilde ik er geen dure curry voor kopen. Ik had een praktischer bestemming voor het geld. De weersvoorspelling voor de volgende dag was nog slechter dan die van vandaag en 's avonds zou het gaan plenzen.

Dus besloot ik wat met Bob te gaan doen in plaats van muziek maken. Als ik hem regelmatig mee zou nemen, dan moest ik echt betere spullen voor hem hebben. Die schoenveterriem kon ik niet blijven gebruiken. Het ding zat heel ongemakkelijk, en kon zelfs gevaarlijk zijn.

Bob en ik sprongen op een bus richting Archway. Ik wist dat daar een winkel van de Cats Protection zat.

Bob leek onmiddellijk te merken dat dit een andere route was dan die van de afgelopen dagen. Af en toe keek hij me aan alsof hij wilde vragen: 'En, waar gaan we vandaag naartoe?' Hij was niet bang, wel nieuwsgierig.

De Cats Protection-winkel was een leuke, moderne winkel met veel spullen, speelgoed en boeken over katten. Ook lagen er gratis brochures en folders over allerlei kattenverzorgingsonderwerpen – van laten chippen tot toxoplasmose, van diëten tot castreren. Ik pakte er een paar om thuis te lezen.

Er waren maar twee mensen aan het werk en weinig klanten. Dus maakten ze een praatje met me, terwijl ik met Bob op mijn schouder door de winkel liep.

'Wat een mooie kater,' zei de ene vrouw. Ik merkte dat hij haar aardig vond, want toen ze hem aaide terwijl ze tegen hem praatte, leunde hij zwaar tegen haar hand aan.

We raakten in gesprek over hoe Bob en ik elkaar hadden ontmoet. Ook vertelde ik wat er de afgelopen twee dagen was gebeurd. De twee vrouwen knikten glimlachend.

'Veel katten wandelen met hun baasjes,' zei een van hen. 'In het park wandelen vinden ze leuk en ook een kort ommetje over straat. Maar ik moet zeggen dat Bob wel een beetje apart is, hè?'

'Ja,' zei haar vriendin. 'Ik vind dat je een juweeltje hebt. Hij is duidelijk erg aan je gehecht.'

Het was prettig te horen wat ik diep vanbinnen al vermoedde. Heel af en toe twijfelde ik of ik niet vaker moest proberen hem op straat te zetten; of ik er wel goed aan deed om hem in de flat bij me te houden. Hun woorden waren echt een opsteker.

Maar wat ik niet wist, was hoe ik Bob het best kon hanteren als hij inderdaad mijn maatje zou worden in de Londense straten. Laat ik alleen maar zeggen dat het niet bepaald de meest veilige omgeving was. Behalve het drukke verkeer waren er nog allerlei andere gevaren.

'Het zou het beste zijn om een harnasje als dit te kopen,' zei een van de vrouwen en pakte een leuk uitziend blauw harnasje, halsband en bijpassende riem.

Ze legde de voors en tegens uit.

'Het is geen goed idee om gewoon een riem aan een kattenhalsband te bevestigen. Slechte halsbanden kunnen schade toebrengen aan de nek van de kat of het beestje zelfs smoren. En het probleem met kwalitatief betere halsbanden is dat die van plastic zijn of zogenaamde "breakaway"-banden zijn, zodat de kat kan ontsnappen als die halsbanden ergens achter vast blijven zitten. De kans is groot dat je ineens een lege riem in je hand hebt. Volgens mij heb je veel meer aan een kattenharnasje en een riem. Zeker als jullie vaak en lang buiten zijn.'

'Maar zal hij dat ding niet vervelend vinden?' vroeg ik. 'Het lijkt me niet lekker zitten.'

'Je moet hem eraan laten wennen,' gaf ze toe. 'Dat kan een weekje duren. Laat het hem de dag voor jullie samen naar buiten gaan alvast een paar minuten dragen. En bouw het dan langzaam op.' Ze zag dat ik niet enthousiast was. 'Anders probeer je het nu even.'

'Oké.'

Bob zat rustig en stribbelde niet tegen, alhoewel ik wel merkte dat hij niet begreep wat er allemaal gebeurde.

'Laat het maar even aan, dan kan hij wennen aan het gevoel,' zei de vrouw.

Het harnasje, riem en halsband kostten bijna dertien pond. Het was een van de duurste uitvoeringen die ze hadden, maar ik vond dat Bob het waard was.

Als ik een zakenman was, directeur van James & Bob Inc, dan zou ik vinden dat je voor je mensen moest zorgen, dat je moest investeren in je menselijke personeel – alleen had ik kattenpersoneel.

Binnen een paar dagen was Bob aan het harnasje gewend. Eerst liet ik het hem in huis dragen, soms met de riem eraan. In het begin vond hij het onhandig, die extra lange, leren staart achter zich, maar het wende snel. Iedere keer als hij het droeg, prees ik hem uitgebreid de hemel in. Het stomste wat ik kon doen was tegen hem schreeuwen, dat wist ik, maar dat deed ik sowieso eigenlijk nooit.

Na een paar dagen gingen we naar buiten. Als we gingen optreden, gebruikte ik meestal de schoenveterriem, maar nu trok ik hem af en toe een kort stukje zijn harnasje aan. Langzaam maar zeker begon het ding bij hem te horen.

Bob ging iedere dag met me mee.

We bleven niet lang buiten. Dat wilde ik hem niet aandoen. Hoewel ik het gevoel had dat hij me naar het einde van de wereld zou volgen en hoewel hij altijd op mijn schouder zat en dus niet hoefde te lopen, dacht ik alleen aan zijn welzijn.

Ergens in de derde week dat we samen optraden besloot hij voor het eerst dat hij niet met me meeging. Eigenlijk kwam hij altijd naar me toe als ik mijn jas aantrok en mijn rugzak pakte, zodat ik hem aan de riem kon doen. Maar die keer schoot hij achter de bank en liep door naar de radiator. Alsof hij wilde zeggen: 'Vandaag heb ik vrij.'

Ik zag dat hij moe was.

'Heb je vandaag geen zin, Bob?' Ik aaide hem over zijn rug.

Hij keek me aan met zijn alwetende blik.

'Geen probleem, hoor.' Ik liep naar de keuken en deed wat brokjes in een bakje, zodat hij wat te eten had tot ik die avond weer terug was.

Ik had eens ergens gelezen dat huisdieren zich minder alleen voelen als hun baasjes weg zijn als de televisie aanstaat. Ik had geen idee of dat waar was, maar voor de zekerheid zette ik de tv aan. Onmiddellijk ging hij op zijn favoriete plekje zitten en keek naar het scherm.

Nu pas merkte ik hoe belangrijk Bob in mijn leven was geworden. Met hem op mijn schouder of voor me uit lopend, keek iedereen me na. In mijn eentje was ik weer onzichtbaar. Wel waren we inmiddels een bekende verschijning geworden, zodat een paar buurtbewoners naar hem vroegen.

'Is je kat ziek?' vroeg een buurtwinkelier toen ik langsliep.

'Hij heeft een dagje vrij.'

'O, gelukkig. Ik was al bang dat er iets met hem was,' zei hij glimlachend.

Een paar andere mensen vroegen me hetzelfde. En zodra ik had verteld dat alles goed was met Bob, liepen ze weer verder. Ze hadden blijkbaar geen zin in een praatje als Bob er niet bij was. Of ik dat nou leuk vond of niet, ik moest het accepteren. Het was niet anders.

Op de stoep in James Street klonken de vallende munten in mijn gitaarkoffer me als muziek in de oren, dat moest ik toegeven. Maar ik merkte dat ik zonder Bob die muziek lang niet zo vaak hoorde. Terwijl ik speelde, was ik me er zeer van bewust dat ik in mijn eentje lang niet zoveel geld ophaalde. Het kostte me extra uren om ongeveer de helft van het geld op te halen dat ik anders op een goede dag met Bob ophaalde. Het was een terugkeer naar de oude tijden van vóór Bob. Maar dat vond ik niet erg.

Pas toen ik 's avonds naar huis liep, drong er iets tot me door. Het ging niet alleen om geld verdienen. Ik had genoeg te eten. En mijn leven was veel rijker nu Bob er was.

Het was fijn om zo'n goed gezelschap te hebben, zo'n goed maatje. Maar het voelde ook alsof ik weer een kans kreeg om op de juiste weg te komen.

Werken op straat is niet makkelijk. Mensen willen je geen kans geven. Als ik, voordat ik Bob had, met mijn gitaar op mijn rug in een kroeg op iemand afstapte, dan zei diegene vaak al 'nee, sorry' voordat ik de kans had gehad om hem of haar te begroeten.

Misschien had ik willen vragen hoe laat het was. Maar ze zeiden al 'geen kleingeld, sorry' voor ik mijn mond had opengedaan. Dat gebeurde constant. Ze gaven me niet eens de kans.

Mensen willen niet luisteren. Ze zien iemand en denken dat die komt bedelen. Ze begrijpen niet dat ik werk. Ik bedel niet. Ik probeer echt te werken. Dat ik geen pak en stropdas draag, dat ik geen aktetas of laptop bij me heb, dat ik geen loonstrookje heb en geen belasting betaal, wil niet zeggen dat ik een lanterfanter ben.

Maar Bob gaf me de kans met mensen te praten. Vroegen ze iets over Bob, dan kreeg ik ook meteen de kans om mijn eigen situatie uit te leggen. Vroegen ze waar hij vandaan kwam, dan kon ik uitleggen hoe we elkaar tegen het lijf waren gelopen en hoe we het geld verdienden om de huur, het eten en de elektriciteits- en gasrekeningen te betalen. De mensen luisterden dan naar me.

Psychologisch gezien zagen de mensen me in een ander licht.

Katten zijn zeer kieskeurig in wie ze aardig vinden. Als een kat zijn baasje niet aardig vindt, gaat-ie op zoek naar een ander baasje. Dat doen katten altijd. Dan vertrekken ze en gaan bij iemand anders wonen. Als ik met mijn kat buiten liep, werd ik in hun ogen aardiger. Ik werd er menselijker door. Zeker nadat ik zo ontmenselijkt was geweest. Op een bepaalde manier kreeg ik er mijn identiteit door terug. Ik was een niemand geweest; ik werd nu weer iemand.

7

De twee musketiers

Door Bob veranderde niet alleen de houding van mensen tegenover mij, ook mijn houding tegenover andere mensen veranderde.

Ik was nog nooit verantwoordelijk geweest voor anderen. In Australië had ik af en toe wat klusjes gedaan toen ik jonger was en ik had in een band gespeeld, wat teamwork was. Maar het bleef een feit dat ik, sinds ik als tiener uit huis was gegaan, alleen verantwoordelijk voor mezelf was geweest. Ik had altijd voor mezelf gezorgd, gewoon omdat niemand anders het deed. Daardoor leidde ik een vrij egocentrisch leven. Het ging om mijn eigen dagelijks overleven.

Bob had dat totaal veranderd. Ineens had ik er een verantwoordelijkheid bij. De gezondheid en het levensgeluk van een ander lagen in mijn handen.

In eerste instantie was die ontdekking een schok, maar het begon te wennen. Eigenlijk vond ik het wel leuk. Ik weet dat het voor veel mensen raar klinkt, maar ik kreeg nu voor het eerst een idee hoe het was om voor een kind te zorgen. Bob was mijn baby en ervoor zorgen dat hij zich prettig en veilig voelde en hem goed verzorgen was een dankbare taak. En een beetje eng.

Ik maakte me constant zorgen om hem. Vooral als we op straat waren. In Covent Garden, en elders trouwens ook, stond ik voortdurend in de bescherm-modus. Mijn instinct vertelde me dat ik bij iedere bocht op hem moest passen. Met reden.

Ik trapte niet in de valkuil van het valse gevoel van veiligheid door de manier waarop de mensen Bob en mij behandelden. In de straten van Londen liepen echt niet alleen vriendelijke toeristen en kattenliefhebbers. Niet iedereen reageerde op dezelfde manier als ze een langharige muzikant met zijn kat op straathoeken hoorden zingen voor hun eten. Het gebeurde veel minder nu ik Bob had, maar ik werd nog steeds uitgescholden. Voornamelijk door dronken jongeren die zich meer en beter voelden dan ik doordat ze aan het eind van de week een loonzakje kregen.

'Zet die luie kont van je eens in beweging en ga eens echt werken, langharig tuig,' riepen ze dan, vaak in veel beeldender taal.

Ik liet hun beledigingen van me afglijden. Ik negeerde ze. Maar dat werd anders als ze agressief naar Bob deden. Dan nam mijn beschermende instinct het over.

Sommige mensen zagen Bob en mij als makkelijke doelwitten. Bijna dagelijks kwamen we van die idioten tegen. Dan riepen ze stomme beledigingen of lachten ons uit. Soms dreigden ze zelfs echt agressief te worden.

Op een vrijdagavond, vlak nadat Bob en ik voor het eerst samen naar Covent Garden waren gegaan, speelde ik op James Street. Er liep een groepje jonge, zeer luidruchtige jongens langs. Ze waren heel irritant en duidelijk op zoek naar ruzie.

Een paar van hen bespotten Bob, die naast me op de stoep zat, en maakten blaf- en miauw-geluiden, tot groot vermaak van hun vrienden.

Dat kon ik hebben. Dat was gewoon stom, puberaal gedrag. Maar toen trapte een van hen om de een of andere reden tegen de gitaarkoffer waar Bob in zat. Geen zacht tikje, maar een harde trap en de koffer – met Bob erin – verschoof zeker een halve meter.

Bob was geschrokken. Hij maakte een hard geluid, een soort schreeuw, en sprong uit de koffer. Gelukkig had ik zijn riem aan de koffer vastgebonden, anders was hij vast en zeker de mensenmassa ingerend en dan had ik hem nooit meer gezien. Maar doordat de riem vastzat, had hij geen andere keus dan zich achter mijn rugzak te verstoppen, die daar vlakbij stond.

Ik sprong onmiddellijk op. 'Waarom deed je dat, verdomme?' vroeg ik en ging pal voor hem staan. Ik ben vrij lang en torende boven hem uit, maar hij leek niet onder de indruk.

'Ik wilde alleen maar weten of het een echte kat was,' zei hij lachend, alsof hij een briljante grap vertelde.

Ik vond het absoluut niet grappig. 'Nou, heel slim, hoor, klootzak.'

Dat was het aanvalssein. Ze sloten me in en een van hen duwde met zijn borstkas en schouders tegen me aan. Maar ik stond stevig en duwde terug. Een paar tellen gebeurde er niets. Toen wees ik naar een videocamera die op de hoek hing.

'Nou, toe dan. Doe maar wat jullie van plan zijn. Maar vergeet niet dat alles wordt opgenomen. Eens kijken wat er daarna gebeurt.'

Hun gezichten waren een foto waard. Die had ik graag gemaakt – op de video of op iets anders. Ze waren genoeg door de wol geverfd om te weten dat je vervolgd wordt als het geweld is opgenomen. Een van hen keek me aan met een blik van: 'Ik krijg je nog wel.'

Natuurlijk konden ze niet afdruipen zonder allerlei beledigingen te schreeuwen en alle bekende arm- en handgebaren te maken. Maar die voel je niet en al snel liepen ze verder. Ik was dan ook niet bang. Ik was er zelfs trots op dat ze afdropen. Toch bleef ik niet lang, die avond. Ik kende die types. Die houden er niet van als ze 'gedist' worden.

Het voorval leerde me een paar dingen. Om te beginnen was het een goed idee om in de buurt van een bewakingscamera te spelen. Dat had een andere straatmuzikant me ooit geadviseerd. 'Dan ben je veel veiliger,' had hij gezegd. Uiteraard wist ik het destijds allemaal beter. Zou de overheid de beelden wel als bewijs accepteren, aangezien muziek spelen voor geld illegaal was? Ik negeerde zijn advies dan ook een hele tijd. Maar langzaam maar zeker zag ik de wijsheid van zijn raad in en akkefietjes als deze onderstreepten die wijsheid.

Dat was het positieve. Het negatieve was dat ik herinnerd werd aan iets wat ik ook al wist. Dat ik er echt helemaal alleen voor stond tijdens dit soort confrontaties. Er was geen politieagent te bekennen. En geen spoor van een Covent Guardian of van enig metropersoneel. En er waren aardig wat mensen op straat toen dat groepje ruzie zocht, maar niemand schoot me te hulp. Integendeel, de mensen hielden zich zoveel mogelijk op de achtergrond en liepen snel door. Niemand kwam voor me op. Wat dat betreft was er niets veranderd. Behalve natuurlijk dat ik nu Bob had.

Op de terugweg in de bus naar Tottenham kwam hij gezellig op mijn schoot liggen. 'Het is jij en ik tegen de wereld,' zei ik tegen hem. 'We zijn de twee musketiers.'

Hij keek me zacht spinnend aan. Hij was het vast met me eens.

Het was hard maar waar dat Londen vol mensen zat die we

voorzichtig moesten aanpakken. Vanaf het begin dat Bob met me meeging, hield ik bijvoorbeeld honden goed in de gaten. Er waren heel veel honden en het was niet verrassend dat veel van hen grote interesse in Bob hadden. Ik moet toegeven dat de meeste mensen hun hond terugtrokken als ze merkten dat die te dicht bij ons kwam, maar niet iedereen.

Gelukkig trok Bob zich weinig van die honden aan. Hij negeerde ze. Als ze te dichtbij kwamen, staarde hij ze alleen maar aan. Voor mij nogmaals een bewijs dat hij op straat had geleefd. Hij wist hoe hij zich daar moest gedragen. Hoe goed hij dat wist, merkte ik ongeveer een week na de ruzie met dat groepje jongens.

Laat in de middag zaten we in Neal Street toen er een vent met een Staffordshire-bullterrier aan kwam lopen. Hufters hebben vaak een Staff, dat weet iedereen in Londen, en deze vent leek me een echte hufter. Hij had een kaalgeschoren hoofd, dronk bier uit een blikje en droeg een sjofel trainingspak. Hij zwalkte al behoorlijk, dus was waarschijnlijk flink dronken, hoewel het pas vier uur in de middag was.

Toen ze bij ons waren, gingen ze langzamer lopen. Enkel en alleen omdat de Staff aan zijn riem trok omdat hij naar Bob en mij wilde.

Dat was niet bedreigend. De hond wilde alleen maar Bob bekijken. Of eigenlijk had hij alleen maar interesse voor de brokjes die voor Bob stonden. Hij at er toen niet van, dus ging de kop van de Staff richting het bakje en snuffelde hij opgetogen bij het vooruitzicht van een gratis tussendoortje.

Ik kon amper geloven wat er toen gebeurde.

Inmiddels had ik Bob regelmatig in de buurt van honden gezien. Normaal gesproken besteedde hij nauwelijks aandacht aan ze. Maar deze keer zal hij het idee hebben gehad dat hij iets moest ondernemen.

Hij zat lekker naast me te genieten van het zonnetje. Maar toen die Staff-kop naar de brokjes ging, keek hij heel rustig op, stond op en gaf de hond met zijn poot een klap op zijn neus. Het ging zó ontzettend snel, Mohammed Ali zou er trots op zijn geweest.

De hond kon het niet geloven. Geschrokken sprong hij achteruit en bleef achteruit lopen.

Ik schrok bijna net zo erg als de hond en lachte zenuwachtig.

De eigenaar keek naar mij en toen naar zijn hond. Volgens mij was hij zo dronken dat hij niet begreep wat er precies was gebeurd. Het gebeurde dan ook erg snel. Hij gaf zijn hond een mep op zijn kop en trok aan de riem omdat hij verder wilde lopen. Misschien vond hij het een schande dat zijn vervaarlijke beest te kakken was gezet door een kat.

Bob keek de hond na, die met hangende kop afdroop. Binnen een paar tellen lag hij weer in zijn oude houding aan mijn voeten. Blijkbaar had het voorval niet veel indruk op hem gemaakt, te vergelijken met het wegjagen van een lastige vlieg. Maar voor mij was het verhelderend. Het leerde me veel over mijn vriend en diens leven van voor onze ontmoeting. Hij was niet bang zichzelf te verdedigen. Hij wist zelfs heel goed voor zichzelf op te komen. Dat moest hij ooit ergens hebben geleerd, misschien in een omgeving waar veel honden waren – veel agressieve honden.

En weer werd ik bestormd door vele vragen. Waar was hij opgegroeid? Welke avonturen had hij meegemaakt voordat we elkaar tegen het lijf waren gelopen en de twee musketiers werden?

Het leven samen met Bob was leuk. Het was nooit saai, wat ons intermezzootje met de Staff had bewezen. Bob was een echte persoonlijkheid, zoveel was zeker. Hij haalde allerlei streken uit en iedere dag ontdekte ik er meer.

Inmiddels was ik er vrij zeker van dat hij op straat was opgegroeid. En niet alleen vanwege zijn vechtkwaliteiten. Hij was ook niet echt huiselijk, hij was een beetje onbeschaafd. Zelfs nu nog, terwijl hij al bijna een maand bij me woonde, gebruikte hij nog altijd niet de kattenbak. Hij haatte het ding en rende weg als ik de bak bij hem in de buurt neerzette. Hij hield alles op tot hij zag dat ik wegging en deed dan zijn behoefte beneden in de beplanting.

Ik had geen zin zo verder te gaan. Om te beginnen was het niet leuk om vijf trappen af – en op – te lopen om een kat naar buiten te laten als die zijn behoefte moest doen. Dus probeerde ik Bob geen andere mogelijkheid te geven dan de kattenbak. Ergens in de derde week besloot ik hem vierentwintig uur niet buiten te laten, zodat hij de kattenbak wel moest gebruiken. Maar die wedstrijd won hij op zijn duimpje. Hij hield alles op en wachtte – en wachtte – en wachtte. Tot ik naar buiten moest. Toen ik de deur geopend had, schoot hij langs me heen en sjeesde de trappen af naar buiten. Een totale overwinning voor Bob. Ik realiseerde me dat ik dit gevecht nooit zou winnen.

Hij had ook een wilde kant, hoewel hij veel rustiger was dan toen hij net bij me was, voornamelijk omdat hij gecastreerd was. Maar hij kon nog altijd als een dolle door de flat rennen, van alles kapottrekken en spelen met wat hij tegenkwam. Ooit speelde hij bijna een uur lang met een dop van een fles, hij kaatste het ding met zijn poten door de woonkamer. Een andere keer had hij een hommel. Het beest was gewond – een vleugel was beschadigd – en scharrelde rond op de salontafel in de woonkamer. Hij rolde over de tafel en viel soms van die tafel op de grond. En iedere keer pakte Bob het diertje behoedzaam tussen zijn tanden en zette het terug op de tafel. Het was echt opmerkelijk hoe voorzichtig hij de hommel bij zijn onbeschadigde vleugel oppakte en veilig op de tafel zette. Daarna keek hij weer naar het gescharrel van het diertje. Hij vond het komisch. Hij wilde het beestje niet opeten, hij wilde er alleen maar mee spelen.

Zijn straatinstinct werkte ook perfect op eetgebied. Als ik hem meenam naar beneden, voor zijn sanitaire stop, dan liep hij meteen door naar de achterkant van de flats, waar de vuilnisbakken stonden. De grote vuilniscontainers stonden vaak open en soms lagen er losse zwarte vuilniszakken die door stadsvossen en zwerfhonden waren opengescheurd. Bob onderzocht die dan of er nog eetbare restjes tussen lagen. Eén keer vond hij een kippenpoot, die de andere scharrelaars over het hoofd hadden gezien. Oude gewoontes slijten blijkbaar niet.

En dat is natuurlijk zo. Hoewel ik hem regelmatig eten gaf, viel hij op iedere maaltijd aan alsof het zijn laatste kon zijn. Zodra ik thuis kattenvoer in zijn bakje deed, stak hij zijn kop erin en schrokte het naar binnen alsof het zijn laatste maaltijd was.

'Rustig aan, Bob, geniet van het eten,' zei ik vaak, maar zonder succes. Ik meende dat hij zo lang iedere kans om te eten had moeten aangrijpen dat hij maar niet kon wennen aan het feit dat hij nu op een plek woonde waar hij twee keer per dag een goede maaltijd voorgezet kreeg. En ik kende dat gevoel. Lange perioden van mijn leven had ik op dezelfde manier geleefd. Ik kon het hem echt niet kwalijk nemen.

Bob en ik hadden veel gemeen. Misschien hadden we daarom zo snel een band gekregen.

Het irritantste aan hem was dat de hele flat vol kattenharen lag.

Dat was natuurlijk heel normaal. Het was lente en hij verloor zijn wintervacht. Maar hij verloor er wel een heleboel van. En vanwege die rui schuurde hij langs alles wat hij in de flat kon vinden. Daardoor lagen er overal haren. Verschrikkelijk.

Het was een goed teken dat zijn vacht – net als de rest van zijn lijf – weer gezond was. Hij was nog wat mager, maar ik kon zijn ribben al niet meer tellen. Wat ik in het begin wel kon. Zijn vacht was natuurlijk dun vanwege de omgeving waarin hij waarschijnlijk was opgegroeid – op straat. De medicijnen hadden zijn kale plekken doen verdwijnen en de antibiotica hadden de wond genezen. Die was praktisch verdwenen. Als je niet wist waar die zat, kon je hem niet meer aanwijzen.

Al met al zag hij er stukken beter uit dan een maand geleden.

Ik deed hem niet in bad. Katten wassen zichzelf en op dat punt was hij een echte kat: hij waste zichzelf regelmatig. In feite was Bob de meest hygiënische kat die ik had gekend. Hij maakte er een heel ritueel van om zijn poten schoon te likken. Ik vond dat fascinerend om te zien, want dan leek hij ineens heel erg op zijn roofvoorvaderen.

Bobs voorvaderen leefden in warme klimaten en zweetten niet. Likken was hun manier om speeksel aan te maken en om zichzelf af te koelen. Het was tegelijkertijd hun onzichtbaarheidsmantel.

Voor de jacht is geur slecht voor katten. Katten zijn sluipjagers en overvallen hun prooi. Dus moeten ze zo onopvallend zijn als maar kan. Kattenspeeksel bevat een natuurlijk deodorant en daarom likken ze zichzelf zo vaak. Zoölogen hebben aangetoond dat katten die hun eigen geur weglikken langer overleven en sterkere nakomelingen verwekken. Het is ook hun manier om zich te beschermen tegen roofdieren als slangen, hagedissen en andere grotere vleeseters.

Natuurlijk likten Bob en zijn voorvaderen zich vooral schoon om gezond te blijven. Katten doen zeer doeltreffend aan zelfmedicatie. Schoonlikken vermindert het aantal parasieten als luizen, mijten en teken, die een kat ziek kunnen maken. Het ontsmet ook infecties, want het kattenspeeksel bevat een antisepticum. Waarschijnlijk likte Bob zich daarom zo vaak. Hij wist dat zijn lijf in slechte conditie was. Dit was zijn manier om het genezingsproces te bevorderen.

Een andere grappige gewoonte van hem was televisiekijken. Ik merkte voor het eerst dat hij beeldschermen in de gaten hield toen ik op een computer in de buurtbibliotheek iets opzocht. Daar liep ik vaak naar binnen als ik op weg was naar Covent Garden of als ik niet werkte. Die keer was ik met Bob aan het wandelen. Hij sprong op mijn schoot en keek samen met me naar het scherm. Ik zag dat als ik de muis bewoog, hij met een poot naar de cursor sloeg. Dus toen we thuiskwamen, zette ik als experiment de tv aan en ging toen iets in de slaapkamer doen. Toen ik terugkwam, lag Bob breeduit op de bank en keek naar het scherm.

Een vriend had me ooit verteld dat zijn kat gek was op *Star Trek: The Next Generation*. Zodra hij de begintune hoorde – dah-dah dah dah dah-dah dah dah – rende hij de kamer in en sprong op de bank. Ik heb het zelf een paar keer gezien en het was grappig. Echt waar.

Al snel was Bob behoorlijk televisieverslaafd. Zodra hij iets op het scherm zag, zat hij gebiologeerd voor het kastje. Ik vond het helemaal hilarisch toen hij naar een paardenrace keek op Channel Four. Hij was gek op paarden. Ik niet, maar ik vond het grappig om te zien hoe geweldig hij het vond.

8

Officiële erkenning

Een paar weken na ons eerste gezamenlijke optreden, op een donderdagochtend, stond ik eerder op dan anders, maakte ontbijt voor ons en daarna gingen we weg. In plaats van zoals gewoonlijk met de bus naar de binnenstad van Londen te gaan, stapten Bob en ik al in Islington Green uit.

Ik had een besluit genomen.

Als hij praktisch dagelijks met mij op straat zou zijn, dan moest ik mijn verantwoordelijkheid nemen en Bob laten chippen.

Katten en honden chippen was vroeger een ingewikkeld gedoe, maar tegenwoordig is het heel eenvoudig. Het is een simpele procedure geworden, waarbij een dierenarts een kleine microchip in de nek van de kat injecteert. Op de chip staat een nummer dat gelinkt is aan gegevens over zijn of haar baasje. Als een loslopende gechipte kat wordt gevonden, kan die chip worden gescand en kan men het adres van zijn baasje achterhalen.

Gezien het leven dat Bob en ik leidden, vond ik het een goed idee om dat te laten doen. Als we – God verhoede – ooit elkaar kwijtraakten, dan konden we zo elkaar weer vinden. En in het geval dat mij wat overkwam, zou het duidelijk maken dat hij geen verwilderde zwerfkat was, maar dat hij een liefdevol thuis had gehad.

Toen ik in de bibliotheek informatie opzocht over het chippen, begreep ik al snel dat ik me dat niet kon veroorloven. De meeste dierenartsen vroegen het absurd hoge bedrag van zestig tot tachtig pond voor het injecteren van een chip. Zoveel geld had ik niet en als ik het wel had gehad, dan zou ik er uit principe niet zoveel voor willen betalen.

Maar op een dag praatte ik met het kattenvrouwtje van de overkant.

'Je moet naar het busje van het Blue Cross gaan. Op Islington Green op donderdag,' zei ze. 'Die vragen alleen maar de prijs van de chip. Zorg wel dat je er heel vroeg bent. Er staat altijd een gigantische rij.'

Daarom was ik vanochtend vroeg vertrokken naar die kliniek, die van tien tot twaalf open was.

Zoals het kattenvrouwtje al had voorspeld, stond er een lange rij op Islington Green. Helemaal tot aan de grote boekhandel Waterstone's. Gelukkig was het lekker weer, dus het was niet erg om te moeten wachten.

Er stond de bekende verzameling wachtenden in dit soort situaties: mensen met katten in chique draagmandjes, honden die elkaar besnuffelen en onrustig zijn. Maar het was er best gezellig en het waren in ieder geval rustigere en slimmere mensen dan bij de kliniek waar ik Bob had laten nakijken.

Het was grappig dat Bob de enige kat was die niet in een draagmandje zat, dus hij trok veel bekijks – zoals gewoonlijk. Twee oudere dames waren helemaal weg van hem en gaven hem veel aandacht.

Na anderhalf uur wachten stonden Bob en ik eindelijk vooraan, waar we werden begroet door een jonge dierenartsassistente met een kort bobkapsel.

'Hoe duur is het om hem te laten chippen?' vroeg ik.

'Vijftien pond.'

Ze kon aan mijn uiterlijk zien dat ik niet bepaald zwom in het geld, dus ging ze snel verder: 'Maar dat hoef je niet allemaal van tevoren te betalen. Je kunt het spreiden. Zeg twee pond per week. Is dat wat?'

'Prima,' zei ik opgelucht. 'Dat lukt me wel.'

Ze onderzocht Bob even vluchtig, waarschijnlijk om te zien of hij gezond genoeg was. Dat was hij. Hij zag er blakend uit, mede doordat hij zijn wintervacht al kwijt was. Hij was slank en atletisch.

Ze nam ons mee naar de behandelkamer, waar de dierenarts op ons wachtte. Een jonge vent van ergens achter in de twintig.

'Goedemorgen,' zei hij tegen me. Vervolgens overlegde hij even met de assistente en bereidden ze de chipprocedure voor. Ik keek toe. De assistente zocht papieren bij elkaar en de dierenarts pakte de injectiespuit en naald waarmee de chip zou worden geïnjecteerd. Ik schrok van de naald. Het was een enorm, ouderwets ding. Maar toen bedacht ik dat het ding wel groot moest zijn, omdat de chip, die zo groot was als een grote rijstkorrel, onder de huid moest worden ingebracht.

Bob vond het geen prettig gezicht en ik kon hem geen ongelijk geven. De assistente en ik hielden hem vast en probeerden zijn kop weg te draaien van de dierenarts, zodat hij niet kon zien wat die ging doen.

Maar Bob was niet gek en voelde dat er iets stond te gebeuren. Hij raakte helemaal overstuur en probeerde uit mijn greep los te kronkelen. 'Alles komt goed, jochie,' zei ik en aaide over zijn buik en achterpoten. De dierenarts kwam dichterbij.

Toen de naald in zijn huid prikte, krijste hij. Het sneed als een mes door mijn hart en even dacht ik dat ik zelf niet goed werd toen hij begon te beven van de pijn.

Maar dat ging gelukkig algauw over en hij werd rustiger. Ik gaf hem iets lekkers uit mijn rugzak, tilde hem voorzichtig op en liep terug naar de balie.

'Goed gedaan, jochie,' zei ik.

De assistente had een aantal ingewikkeld uitziende formulieren om in te vullen. Gelukkig was de informatie die ze wilde hebben heel duidelijk.

'Oké. Nu gaan we je gegevens invullen, dan kunnen ze in het bestand. We willen graag je naam, adres, leeftijd, telefoonnummer en dat soort dingen,' vertelde ze glimlachend.

Terwijl ze de formulieren invulde, vroeg ik me ineens af: was ik nu officieel Bobs baasje?

'Dus betekent het nu dat ik vanaf dit moment geregistreerd sta als zijn baasje?' vroeg ik de assistente.

Glimlachend keek ze op en zei: 'Ja, is dat oké?'

'Ja. Het is geweldig,' zei ik een beetje onthutst. 'Echt geweldig.'

Inmiddels was Bob wat gekalmeerd. Ik aaide hem over zijn kop. Hij had duidelijk nog last op de plek van de injectie, dus kwam ik niet in de buurt van zijn nek. Dan zou hij mijn arm hebben opengehaald.

'Heb je het gehoord, Bob? Vanaf nu zijn we officieel familie.'

Ik weet zeker dat we meer bekijks hadden dan normaal toen we daarna door Islington liepen. Ik had een grijns op mijn gezicht die breder was dan de Theems.

Vanaf het moment dat Bob bij me woonde was mijn hele leven veranderd. Door hem leefde ik veel bewuster.

Ik deed veel meer huishoudelijke dingen en ik voelde me verantwoordelijker. Ook keek ik eens goed naar mezelf. En ik vond het niet prettig wat ik zag.

Ik was niet trots op het feit dat ik een ex-verslaafde was en al helemaal niet trots op het feit dat ik eens in de twee weken naar een kliniek moest en iedere dag naar de apotheek voor mijn medicatie. Dus nam ik hem nooit mee als ik daar naartoe moest, tenzij het absoluut noodzakelijk was. Het zal best gek klinken, maar ik wilde niet dat hij die kant van mijn verleden leerde kennen. Dat was ook iets waarvoor hij had gezorgd: ik zag het echt als mijn verleden. In mijn toekomst was ik clean en leefde ik een normaal leven. Ik moest alleen nog de lange reis naar dat punt afronden.

Ik werd nog regelmatig herinnerd aan dat verleden en aan de lange weg die ik nog had te gaan. Een paar dagen nadat ik hem had laten chippen, was ik op zoek naar de ov-chipkaart die per post was bezorgd. Daarom doorzocht ik een kastje in mijn slaapkamer.

Daar lag, helemaal achterin, onder een stapel oude kranten en kleren een plastic tupperwaredoosje. Ik herkende het direct, hoewel ik het al een hele tijd niet had gezien. Daar zaten alle spullen in die ik nodig had gehad voor de heroïne. De spuiten, de naalden, alles wat ik nodig had gehad voor mijn verslaving. Het voelde alsof ik een geest had gezien. Er kwamen allerlei slechte herinneringen boven. Ik zag beelden van mezelf die ik voor eeuwig had willen begraven.

Meteen besloot ik dat ik dat doosje niet meer in huis wilde hebben. Ik wilde er niet meer aan herinnerd worden en misschien zou het me zelfs verleiden. En ik wilde het al helemaal niet in de buurt van Bob hebben, ook al had ik het goed verstopt.

Bob zat, zoals gebruikelijk, naast de radiator, maar stond op toen hij zag dat ik mijn jas aantrok en naar beneden wilde lopen. Hij liep helemaal mee naar de vuilnisbakken en zag dat ik het doosje in de container voor gevaarlijk afval gooide.

'Zo,' zei ik tegen hem. Hij keek me onderzoekend aan. 'Dat had ik al veel eerder moeten doen.'

9

De vluchtexpert

Leven op straat is nooit eenvoudig. Je moet altijd op het onverwachte zijn voorbereid. Dat had ik al heel snel in de gaten. Maatschappelijk werkers gebruiken het woord 'chaotisch' wanneer ze het hebben over mensen als ik. Ze noemen ons leven chaotisch, omdat het niet beantwoordt aan hun idee van normaal. Maar voor ons is het wel normaal. Dus vond ik het niet raar dat het leven in Covent Garden gecompliceerder werd, toen de eerste zomer met Bob overging in de herfst. Ik wist dat het niet hetzelfde zou kunnen blijven. Nooit bleef iets in mijn leven hetzelfde.

Bob was nog altijd een ware mensenpleaser, zeker voor toeristen. Waar ze ook vandaan kwamen, ze bleven altijd even staan om tegen hem te praten. Ik geloof dat ik inmiddels iedere taal onder de zon wel heb gehoord – van Afrikaans tot Welsh – en ken in al die talen het woord voor kat. In het Tsjechisch is het *kocka*, in het Russisch *koshka*, in het Turks *kedi* en mijn favoriet is het Chinese *mao*. Het was een leuke ontdekking dat hun grote leider een kat was geweest!

Maar hoe uitheems of zangerig hun taal ook was, de boodschap was altijd hetzelfde. Iedereen hield van Bob.

We hadden ook een groep 'vaste klanten': mensen die in de buurt werkten en aan het eind van de dag op weg naar huis langsliepen. Een paar van hen stonden altijd even stil om een praatje te maken. Een of twee hadden dan zelfs wat voor Bob bij zich.

Het waren de andere 'bewoners' die voor problemen zorgden.

Om te beginnen had ik in James Street ruzie met Covent Guardians. Ik speelde steeds naast het metrostation. Al een paar keer was er een Guardian naar me toe gekomen en had me uitgelegd dat ik in het gebied van de levende standbeelden stond. Dat die er op die momenten niet stonden, leek hem niet te interesseren. 'Je kent de regels,' zei hij tegen me. Dat klopte. Maar ik wist ook dat regels konden worden aangepast aan de situatie. Zo ging dat bij het leven op straat. Als we mensen waren die ons strikt aan de regels hielden, dan hadden we niet op straat gewoond.

Dus iedere keer dat die Guardian me dwong door te lopen, ging ik naar een andere plek en kwam een paar uur later stilletjes weer terug naar James Street. Dat risico durfde ik wel te lopen. Ik had nog nooit meegemaakt dat ze de politie belden om mensen op te pakken die op de verkeerde plek optraden.

Voor het personeel van het metrostation was ik veel meer op mijn hoede. Die leken me ineens te willen verbieden ook buiten hun werkterrein te spelen. Vooral een paar kaartjescontroleurs maakten me het erg lastig. Het begon met boze blikken en vervelend commentaar als ik voor de zijmuur van het metrostation speelde. Maar op een dag kwam er een zeer onvriendelijke controleur, een grote, bezwete kerel in een blauw uniform, dreigend op me af.

Inmiddels wist ik dat Bob een groot mensenkenner was. Al

van verre had hij door of iemand vervelend ging doen. Hij had deze kerel door vanaf het moment dat hij onze kant op kwam lopen en hij kroop dichter tegen me aan.

'Alles oké, makker?' vroeg ik de man.

'Niet echt. Nee. Je kunt beter oprotten – of anders,' zei hij.

'Of anders wat?'

'Dat merk je dan wel,' zei hij intimiderend. 'Ik waarschuw je.'

Ik wist dat hij buiten het metrostation geen enkel recht had en dat hij me bang probeerde te maken. Toch vond ik het verstandiger om daar een tijdje weg te blijven.

Ik probeerde eerst de kop van Neal Street, bij het kruispunt met Long Acre. Op een steenworp afstand van het metrostation, maar uit het zicht van het personeel. Er liepen hier veel minder – vriendelijke – mensen dan op Covent Garden. Vaak waren er gekken die mijn tas wegtrapten of Bob probeerden bang te maken. Ik zag dat hij het geen prettige plek vond: hij rolde zich op tot een defensief balletje en kneep zijn ogen tot spleetjes. Zijn manier om duidelijk te maken dat hij het er vervelend vond.

Dus al na een paar dagen gingen we niet meer richting Covent Garden, maar stapten eerder uit de bus en liepen door Soho naar Piccadilly Circus.

We waren nog steeds in de binnenstad van Londen – en de wijk Westminster – dus ook hier golden allerlei wetten en voorschriften. Piccadilly was vergelijkbaar met Covent Garden; er waren speciale plekken voor muzikanten. Deze keer besloot ik me aan de regels te houden. Ik wist dat het gebied ten oosten van Piccadilly Circus, zeker langs de weg naar Leicester Square, een goede plek was voor muzikanten. Dus daar gingen we naartoe.

We gingen vlak bij een hoofdingang van metrostation Piccadilly Circus staan, in de buurt van Ripley's *Believe It Or Not*-tentoonstelling.

Het was een drukke middag en avond. Honderden toeristen waren op weg naar de bioscopen en theaters van West End. We deden goede zaken, ondanks het feit dat de mensen snel naar het metrostation liepen. Vaak gingen ze langzamer lopen of stonden zelfs even stil als ze Bob zagen.

Ik zag dat Bob zich niet op zijn gemak voelde, want hij rolde zich strakker op dan normaal. Waarschijnlijk door de enorme drukte en omdat hij de omgeving niet kende. Hij was veel ontspannener op een bekende plek.

Zoals altijd slenterden toeristen uit de hele wereld langs de bezienswaardigheden in de binnenstad van Londen. Met name veel Japanners, die Bob zeer interessant vonden. Ik leerde weer een nieuw woord voor kat: *neko*. Alles ging goed tot ongeveer zes uur, toen het spitsuur begon. Toen kwam er een reclameman van Ripley's naar buiten in een groot, opblaasbaar pak waarin hij ongeveer drie keer zijn normale omvang had. Hij maakte met zijn dikke armen uitnodigende gebaren naar het publiek om naar de tentoonstellingen in het gebouw te gaan. Misschien ging er een over de dikste man ter wereld. Of over het belachelijkste baantje dat er bestond.

Ik zag direct dat Bob de man niet aardig vond. Zodra de man naar buiten kwam, voelde ik dat Bob dichter bij me ging zitten en bevend naar hem keek. Ik snapte het wel. De man zag er eng uit.

Gelukkig leek Bob na een tijdje minder bang. We negeerden de man, die nog altijd mensen Ripley's probeerde binnen te loodsen. Hij had redelijk veel succes, dus kwam hij niet onze kant op. Terwijl ik 'Ring of Fire' van Johnny Cash zong, kwam de reclameman zonder aanwijsbare reden ineens onze kant op en wees naar Bob alsof hij hem wilde aaien. Ik zag hem pas toen hij vlak voor ons stond en in zijn belachelijke pak vooroverboog. Maar toen was het te laat.

Bob reageerde direct. Hij sprong op en rende met zijn nieuwe riem achter zich aan de mensenmassa in. Voor ik het goed en wel doorhad, was hij verdwenen in de richting van de ingang van het metrostation.

O, shit, zei ik geschrokken tegen mezelf. Hij is weg. Ik zie hem nooit meer.

Onmiddellijk namen mijn instincten het over. Ik sprong ook op en rende achter hem aan. De gitaar liet ik achter. Ik maakte me veel bezorgder over Bob dan over het instrument. De laatste kon ik nieuw kopen.

Ik dook in de mensenzee. Vermoeide ambtenaren die na een lange werkdag naar huis gingen, vroege feestbeesten op weg naar een avondje 'up West' en natuurlijk massa's toeristen. Sommigen met een rugzak, anderen met een plattegrond. Allemaal opgetogen dat ze in het kloppende hart van Londen liepen. Ik moest tussen hen door laveren naar de ingang van het metrostation. Natuurlijk botste ik tegen mensen aan. Ik duwde zelfs bijna een vrouw omver.

Te midden van al die mensen die me tegemoet liepen, was het onmogelijk om iets te zien, maar onder aan de trap werd het goddank wat minder druk. Er waren nog steeds heel veel mensen, maar nu kon ik om me heen kijken. Ik ging op mijn hurken zitten en keek op knieniveau om me heen. Een paar mensen keken me raar aan, maar dat interesseerde me niet.

'Bob! Bob! Waar ben je, jochie?' Op een gegeven moment schreeuwde ik, hoewel ik wist dat dat geen enkele zin had met al dat lawaai om me heen.

Ik moest gokken welke kant ik op zou gaan. Naar de controlepoortjes waarachter de roltrappen en de metro's waren of naar een van de andere uitgangen? Wat had Bob gekozen? Ik gokte erop dat hij niet naar de roltrappen zou zijn gegaan. Zo ver waren we nog nooit binnen geweest en ik dacht dat hij bang zou zijn voor de bewegende roltrappen.

Dus rende ik naar de uitgangen aan de andere kant van Piccadilly Circus.

Ineens zag ik iets. Een vage rode flits op een van de roltrappen. Met een riem erachter.

'Bob! Bob!' riep ik weer en werkte mezelf zo snel mogelijk tussen de mensen door zijn kant op. Ik was inmiddels op nog geen meter afstand van hem, maar het had net zo goed een kilometer kunnen zijn. Er stonden massa's mensen tussen ons in. De mensen stroomden de roltrappen af.

'Hou hem tegen. Ga op zijn riem staan,' schreeuwde ik. Weer zag ik heel even een glimp rood wegschieten.

Maar niemand reageerde. Niemand keek.

Binnen een paar tellen was de riem verdwenen en Bob ook. Hij moest de uitgang Regent Street bereikt hebben en daar verder zijn gerend.

Er schoten talloze mogelijkheden door mijn hoofd. Geen enkele leuke. Stel dat hij zomaar op Piccadilly Circus de weg op was gerend. Of dat iemand hem had meegenomen. Terwijl ik me de roltrap op werkte en weer op straatniveau was, was ik in alle staten.

Het was zo erg dat ik ieder moment in tranen kon uitbarsten. Ik was ervan overtuigd dat ik Bob nooit meer zou zien.

Ik wist dat het niet mijn schuld was, maar ik voelde me knap klote. Waarom had ik zijn riem niet vastgemaakt aan mijn rugzak of aan mijn riem, zodat hij niet had kunnen wegrennen? Waarom had ik zijn paniek niet gezien toen hij die kerel van

Ripley's voor het eerst zag? En waarom was ik toen niet naar een andere plek gegaan? Ik voelde me misselijk.

Weer moest ik kiezen. Welke kant zou hij opgegaan zijn? Hij had linksaf richting Piccadilly kunnen gaan, naar de enorme Tower Records-winkel daar. Maar weer vertrouwde ik op mijn gevoel en ging ervan uit dat hij gewoon rechtdoor was gerend – over de brede trottoirs van Regent Street.

Nog altijd in grote paniek liep ik de straat in, in de hoop dat iemand hem had gezien.

Ik zal er ongetwijfeld als een gevaarlijke gek hebben uitgezien. De mensen keken verontrust naar me. Sommigen gingen me zelfs uit de weg, alsof ik een gestoorde gangster op strooptocht was.

Gelukkig niet iedereen.

Na ongeveer dertig meter schoot ik een meisje aan dat een tasje bij zich had van de Apple-store op Regent Street aan de kant van Oxford Street. Ze had natuurlijk de hele straat afgelopen, dus vroeg ik haar of ze een kat had gezien.

'O. Ja, er rende een rode kat over de stoep. Met een riem achter zich aan. Iemand probeerde daarop te gaan staan om hem te vangen, maar de kat was hem te vlug af.'

Mijn eerste reactie was opluchting. Ik had haar kunnen zoenen. Ik wist gewoon dat het Bob was. Maar toen volgde de paranoia. Wie was die iemand die hem had willen vangen? Wat was die met hem van plan? Zou Bob nu nog banger zijn? Had hij zich nu ergens verscholen, zodat ik hem nooit meer kon vinden?

Met al die verschrikkelijke gedachten in mijn hoofd, liep ik verder en keek in iedere winkel die ik tegenkwam. Meestal schrok het winkelpersoneel van die langharige vent in hun deuropening. Maar soms keken ze me blanco aan en schudden langzaam hun hoofd. Ik wist wat ze dachten. Ik werd gezien als straatvuil dat hun winkel in was geblazen.

Na een paar winkels overwoog ik om mijn achtervolging op te geven. Ik had geen idee hoelang geleden Bob was weggerend. Het leek of de tijd langzamer ging. Alsof alles in slow motion ging. Ik wilde het echt opgeven.

Zo'n honderd meter verder op Regent Street was een zijstraat die naar Piccadilly liep. Als hij daar was, kon hij echt alle kanten op zijn gegaan: Mayfair in of oversteken naar St James's en Haymarket. Dan zou ik hem echt nooit meer zien.

Ik stond op het punt om het op te geven en de zijstraat in te lopen, toen ik nog een winkel probeerde. Een damesmodezaak. Het personeel keek verbaasd naar iets achter in de zaak. Ze draaiden zich om toen ze mij hoorden en leken opgelucht toen ik het woord 'kat' zei.

'Een rode kat?' vroeg een van hen.

'Ja. En hij heeft een halsband en een riem.'

'Hij zit daar,' zei iemand en gebaarde dat ik binnen moest komen en de deur dicht moest doen.

'Daarom hebben we de deur dichtgedaan,' vertelde een ander. 'We wilden niet dat hij weer naar buiten zou rennen.'

'We dachten al dat iemand hem zou zoeken. Vanwege de riem.'

Ze gingen me voor naar open kasten vol moderne, kleurige kleren. Ik kon een paar prijskaartjes lezen. De prijzen waren hoger dan ik in een maand verdiende. In een hoekje van een van de kasten lag Bob. Opgerold tot een balletje.

In de laatste paar minuten had ik me afgevraagd of hij soms bij me weg wilde. Misschien was hij me spuugzat. Misschien wilde hij een ander leven dan ik hem kon bieden. Dus was ik erop voorbereid dat hij misschien weer weg zou rennen. Maar dat deed hij niet.

Amper hoorbaar fluisterde ik: 'Ha, Bob. Ik ben het.'

Hij sprong recht in mijn armen.

Mijn angst dat hij niet bij me zou willen blijven, verdween onmiddellijk. Bob spinde enthousiast en gaf kopjes.

'Ik ben zo ontzettend geschrokken, jochie,' zei ik terwijl ik hem aaide. 'Ik dacht dat ik je kwijt was.'

Toen ik opkeek, zag ik twee personeelsleden tot tranen toe geroerd naar ons kijken.

'Ik ben zo blij dat je hem gevonden hebt,' zei een van hen. 'Hij ziet er zo aardig uit. We vroegen ons al af wat we met hem moesten doen als niemand hem voor sluitingstijd zou zijn komen ophalen.'

Ze aaide Bob en we praatten nog even verder. Toen sloot ze met haar collega de kassa af en liepen we allemaal naar de deur.

'Tot ziens, Bob,' zeiden ze toen we de mensenmassa in liepen. Bob zat weer op mijn schouder.

Terug bij Ripley's zag ik tot mijn verbazing dat mijn gitaar er nog lag. Misschien had de bewaker bij de deur een oogje in het zeil gehouden. Of misschien had een stadswacht erop gepast. Destijds stond daar een mobiele politiepost. Alle agenten en stadswachten vonden Bob leuk. Hij was ook bij hen heel populair. Ik had geen idee wie de barmhartige samaritaan was geweest, maar eerlijk gezegd boeide me dat niet. Ik was alleen maar ontzettend blij dat Bob en ik weer samen waren.

Onmiddellijk pakte ik al mijn spullen bij elkaar en hield het voor gezien. We hadden nog niet genoeg geld opgehaald, maar ook dat boeide me niet. We gingen naar een warenhuis en van bijna al het geld dat ik bij me had, kocht ik een riemclip, die ik eerst aan mijn riem en vervolgens aan zijn riem vastmaakte. Zo zaten we aan elkaar vast. In de bus kwam hij op mijn schoot zitten, in plaats van zoals anders naast me te gaan zitten. Hij kon een ondoorgrondelijk beest zijn, maar soms wist ik precies wat Bob dacht. Vanavond was zo'n moment. We waren samen en we wilden geen van beiden dat daar verandering in kwam.

10

Santa Klauw

In de eerste dagen en weken na het drama op Piccadilly waren Bob en ik zo onafscheidelijk als twee overlevenden op een vlot op zee. We waren allebei ontzettend geschrokken.

Ik dacht diep na over onze vriendschap. Weer vroeg ik me af of zijn vlucht een signaal was dat hij meer afstand tussen ons wilde. Diep vanbinnen wist ik dat, als hij terug naar de straat wilde – of waar hij dan ook vandaan kwam – ik daar niets tegen kon en mocht doen.

Ik dacht zelfs na over wat ik zou doen als hij weer een signaal afgaf dat hij wilde weglopen. Als hij dat zou doen en als ik hem te pakken kreeg voordat hij weg was, dan zou ik hem naar de dierenarts of de Battersea Dogs and Cats Home brengen, waar ze een goede kattenopvang hadden. Ik wilde niet zijn cipier zijn. Hij was een veel te goede vriend om zijn vrijheid in te perken. Dat verdiende hij niet.

Gelukkig was het niet zover gekomen.

Een paar keer na het incident wilde hij niet met me naar buiten. Als ik 's ochtends het harnasje pakte, verstopte hij zich achter de bank of onder de tafel om me duidelijk te maken dat hij er nog niet klaar voor was. Dus liet ik hem thuis. Maar over het algemeen ging hij graag met me mee naar buiten. En buiten gedroeg hij zich iets anders dan daarvoor. Hij hield me beter in de gaten, maar was ook veel ontspannener.

Ondanks wat er op Piccadilly Circus was gebeurd, was hij lang niet meer zo bang in mensenmassa's als hij daarvoor wel was geweest. Misschien omdat hij nu aan mijn riem vastzat en ik zijn riem stevig vasthield. Maar eigenlijk dacht ik dat hij zich nu hechter met mij verbonden voelde. Onze band was op de proef gesteld – en had standgehouden. Ik had het idee dat hij nog meer dan vroeger bij me wilde zijn.

Natuurlijk was het niet allemaal rozengeur en maneschijn. Als je in Londen op straat werkt, zijn er altijd momenten dat je je bedreigd voelt. Een paar weken na het akkefietje met die opgeblazen vent op Piccadilly waren we in Covent Garden waar we een groep steltlopers zagen. Het waren ouderwetse Franse kunstenaars en ze hadden fel opgemaakte, doodenge gezichten.

Zodra hij ze boven zich uit zag torenen, was Bob bang en kwam meteen pal naast me zitten. Ik zong verder, maar moest af en toe stoppen met spelen omdat hij zijn staart over de snaren hing.

'Hou eens op, Bob,' zei ik dan en verontschuldigde me bij de paar toeristen die stonden te luisteren. Die dachten natuurlijk dat het bij ons spel hoorde. Kon ik Bob maar zo eenvoudig laten doen wat ik wilde.

Zodra de steltlopers voorbij waren, werd het weer een heel ander verhaal. Dan ontspande hij zich weer en ging hij iets van me af zitten. Alsof hij wist dat ik zijn vangnet was. Ik was blij dat ik dat mocht zijn.

Kerstmis 2007 naderde. We waren bijna een jaar samen. Ons leven was routine geworden. Als ik 's ochtends opstond, zat Bob al geduldig bij zijn bakje in de keuken op me te wachten. Hij schrokte zijn ontbijt naar binnen, waste zich, likte zijn poten en kop schoon. Hij gebruikte nog steeds niet de kattenbak, dus meestal liep ik met hem naar beneden. Soms deed ik de deur open en liet hem alleen naar beneden lopen. Hij kende de weg. Dan ontbeet ik zelf, pakte mijn rugzak en gitaar en vertrokken we naar de stad.

Met de kerst voor de deur waren er nóg meer mensen in Covent Garden. En al die mensen gaven nóg meer geld en cadeautjes aan Bob.

Het eerste kwam van een vrouw van middelbare leeftijd, die op een kantoor in de buurt van James Street werkte en vaak een praatje met ons maakte. Vroeger had ze zelf een rode kat gehad en ze had me verteld dat Bob haar aan die kat deed denken.

Op een middag kwam ze langs met een brede glimlach op haar gezicht. Ze had een tas van een bekende dierenwinkel bij zich. 'Ik hoop dat je het niet erg vindt dat ik iets voor Bob heb gekocht,' zei ze.

'Natuurlijk niet.'

'Het stelt niets voor,' zei ze en haalde een speelgoedmuisje tevoorschijn.

'Er zit wat kattenkruid in. Maar niet veel, hoor.'

Dat vond ik wel een beetje vervelend. Katten konden verslaafd raken aan kattenkruid. Ik had veel gelezen over hoe gek ze konden gaan doen als het zover was. Het was al lastig genoeg om mezelf clean te houden. Ik wilde niet dat Bob ook verslaafd zou raken.

Maar de vrouw was veel te aardig om haar teleur te stellen. Ze bleef nog even praten en was blij toen Bob met het muisje speelde.

Toen het weer slechter werd, kreeg Bob praktischer cadeautjes.

Een andere vrouw met een Russisch uiterlijk kwam glimlachend naar ons toe en zei: 'Ik hoop dat je het niet erg vindt, maar nu het kouder wordt, dacht ik: ik brei wat voor Bob zodat hij het niet koud krijgt.' Ze haalde een mooie lichtblauwe sjaal uit haar schoudertas.

'Wauw,' zei ik bewonderend. 'Die is prachtig.'

Ik drapeerde hem meteen om Bobs nek. Hij stond hem fantastisch. De vrouw was dolblij. Een week of twee later bracht ze een bijpassend blauw vestje. Ik was geen modekenner, dat zal iedereen die me ook maar één keer heeft gezien volmondig bevestigen, maar zelfs ik zag dat het Bob geweldig stond. Mensen stonden in de rij om foto's van hem in zijn outfit te maken. Als ik er geld voor had gevraagd, was ik nu rijk geweest.

Daarna brachten minstens vijf mensen – oké, vrouwen – allerlei zelfgebreide kledingstukken voor Bob.

Een vrouw had zelfs de naam Bob in een kleine sjaal gebreid. Het leek wel alsof hij een model was geworden. Regelmatig showde hij een nieuwe creatie die iemand voor hem had gemaakt. Het gaf een nieuwe betekenis aan het woord 'catwalk'.

En het onderstreepte wat ik al wist: dat ik niet de enige was die erg op Bob was gesteld. Hij leek bijna met iedereen die hij ontmoette vriendschap te sluiten. Een eigenschap die ik graag zelf had gehad. Ik vond het namelijk heel moeilijk om vrienden te maken.

Ook Belle was als een blok voor Bob gevallen. We waren nog altijd goede vrienden, betere vrienden dan geliefden, en ze kwam regelmatig bij ons in de flat langs. Gedeeltelijk om me weer eens te zien en te spreken, maar ik weet zeker dat ze ook voor Bob kwam.

Die twee konden uren op de bank spelen. Ik zag dat Bob haar ook geweldig vond.

Zo'n drie weken voor de kerst kwam ze langs met een plastic boodschappentas en een brede grijns op haar gezicht.

'Wat zit daarin?' vroeg ik, want ik voelde dat ze iets van plan was.

'Dit is niet voor jou, maar voor Bob,' plaagde ze me.

Bob lag op zijn gebruikelijke plekje bij de radiator, maar stond op toen hij zijn naam hoorde.

'Bob, kom eens hier. Ik heb een cadeautje voor je.' Belle plofte met de tas op de bank. Hij trippelde onmiddellijk naar haar toe, nieuwsgierig als hij was.

Belle haalde twee kleine dieren-T-shirts uit de tas. Op een ervan stond een leuke afbeelding van een kitten, de ander was rood met groen afgebiesd en met grote witte letters stond er SANTA KLAUW op, met daaronder een grote pootafdruk.

'O, dat is leuk, hè Bob?' zei ik. 'Dat is perfect voor deze tijd. Die kun je aan als we naar Covent Garden gaan. Dat zullen de mensen leuk vinden.'

En dat deden ze.

Ik weet niet of het vanwege de kersttijd was of vanwege zijn outfit, maar het effect was verbijsterend.

'Ach, kijk nou toch, Santa Klauw,' hoorde ik om de paar minuten.

Veel mensen stopten en wierpen munten in mijn gitaarkoffer, maar andere wilden Bob iets geven.

Op een dag keek een dame op hoge hakken naar Bob en kirde: 'Hij is geweldig. Wat zou hij voor de kerst willen hebben?'

'Geen idee, mevrouw.'

'Oké, laat ik het dan zo zeggen: wat heeft hij nodig?'

'Eh, een reserveharnasje. Of iets wat hem warm houdt als het echt koud wordt. Of wat speeltjes. Iedere jongen krijgt graag speelgoed met de kerst.'

'Prima.'

De dame liep weg en ik vergat ons gesprek, tot ze een uur later terugkwam met een brede lach op haar gezicht. Ze had een leuke, zelfgebreide kous met kattenpatronen erop bij zich. Ik keek erin en zag dat het vol cadeautjes zat: eten en speeltjes en zo.

'Je moet me beloven dat je het pas met kerst openmaakt,' zei ze. 'Je moet het tot kerstochtend onder jullie boom laten liggen.'

Ik had de moed niet om haar te vertellen dat ik geen geld had voor een kerstboom of andere kerstversieringen. Het enige wat ik had was een kerstboom op USB-stick, voor in de oude X-box die ik in een kringloopwinkel had gekocht.

Maar nu nam ik een besluit. Die mevrouw had gelijk. Ik wilde een echte kerstboom. Ik had iets te vieren. Ik had Bob.

Waarschijnlijk deed kerst me niets, omdat ik het al jaren niet had gevierd. In feite had ik er een gloeiende hekel aan.

De afgelopen tien jaar had ik de kerstdagen meestal gevierd in een opvang, waar ze een grote kerstlunch voor de daklozen organiseerden. Dat was goedbedoeld en het was best gezellig, maar het deed me vooral denken aan wat ik niet had: een normaal leven en een normale familie. Het herinnerde me er alleen maar aan dat ik mijn leven verprutst had.

Een of twee keer had ik het alleen gevierd en dan probeerde ik te vergeten dat mijn familie aan de andere kant van de wereld woonde. Nou, ja, de meesten dan. Soms ging ik eerste kerstdag naar mijn vader. Na een jaar geen contact toen ik op straat was beland, belde ik hem heel af en toe, en één keer nodigde hij me uit om naar zijn huis in Zuid-Londen te komen.

Dat was geen groot succes geweest. Hij vond me maar niets en ik kon het hem niet eens kwalijk nemen. Ik was niet echt een zoon om trots op te zijn.

Ik was blij met de lekkere lunch en de drankjes, en toch ook met zijn gezelschap. Maar we hadden het nooit meer herhaald.

Maar dit jaar was het anders. Ik nodigde Belle uit voor een drankje op kerstavond. En op eerste kerstdag zou ik uitpakken met een kant-en-klare kalkoen met toebehoren. Koken was niet echt mijn ding en ik had ook niet echt veel kookspullen. Voor Bob kocht ik lekkere hapjes, onder meer zijn favoriete kattenvoer met kip.

Eerste kerstdag stonden we redelijk vroeg op en maakten een wandelingetje, zodat Bob zijn behoefte kon doen. Buiten liepen al gezinnen uit ons flatgebouw, op weg naar vrienden en familie. We wensten elkaar glimlachend een gelukkige kerst. Ook dat was meer dan ik in lange tijd had meegemaakt.

Terug in de flat gaf ik Bob zijn sok. Hij had hem een paar dagen eerder al gezien en duidelijk geraden dat die voor hem was. Stuk voor stuk haalde ik de spullen eruit. Het waren lekkere hapjes, speeltjes, balletjes en zachte dingen met kattenkruid erin. Hij vond het allemaal geweldig en speelde als een uitgelaten kind op kerstochtend met zijn aanwinsten. Het was een leuk gezicht.

Vroeg in de middag maakte ik onze lunch, zette ons allebei een kerstmuts op, pakte een blikje bier en keek de rest van de middag en avond televisie. Het was de beste kerst sinds jaren.

11

Verkeerde identiteit

In de lente en zomer van 2008 was het steeds moeilijker geworden om met muziek maken geld te verdienen in Londen. En soms was het onmogelijk.

Daar waren meerdere redenen voor. Ik weet dat mensen denken dat straatwerkers geen last van de economie hebben, maar dat is niet waar. De recessie – die op dat moment heerste – trof mij en mensen in een vergelijkbare positie zelfs hard. De aardige mensen, die Bob en mij vroeger een pond of twee gaven, hielden nu hun geld in hun portemonnee. Een paar vaste klanten vertelden me waarom. Ze zeiden dat ze bang waren hun baan te verliezen. Daar kon ik weinig tegen inbrengen. Maar daardoor moest ik veel meer uren werken en verdiende ik toch nog minder geld voor eten en andere zaken voor Bob en mij.

Het was vervelend, maar daar kon ik mee leven. Een groter probleem was dat de overheid veel harder optrad tegen straatwerkers die niet op de hun toegewezen plek werkten. Ik weet niet precies waarom ze dat hadden besloten, maar ze maakten me het leven behoorlijk zuur.

De meeste Covent Guardians waren best redelijke mensen. Ik had last van een paar agressievelingen, maar over het algemeen lieten ze me met rust. Maar nu namen ze spullen in beslag als ze het idee hadden dat je ze niet serieus nam. Volgens mij hadden ze niet meer bevoegdheden gekregen, maar hadden ze te horen gekregen dat ze hun werk serieuzer moesten doen.

Ook waren er een paar nieuwe gezichten bij gekomen. Een van de agressievere nieuwkomers had al een paar keer gedreigd mijn gitaar in beslag te nemen. Dat was tot nu toe niet gebeurd, omdat ik hem had beloofd in een muzikantengebied te zullen gaan spelen – of gewoon weg te gaan. Dan ging ik een halfuurtje iets verderop spelen en sloop daarna weer terug naar James Street.

Het leek op verstoppertje spelen, maar zo langzamerhand had ik geen verstopplekken meer over. De nieuwe Guardians leken te weten waar ze me konden vinden. Tegenwoordig moest ik vaak vertrekken of werd ik streng toegesproken. Het was een uitputtingsslag.

Diep vanbinnen wist ik dat mijn tijd als straatmuzikant ten einde liep. De druppel die de emmer deed overlopen viel op een middag in mei van dat jaar.

Een andere reden dat muziek maken voor mij lastig werd, was het personeel van metrostation Covent Garden. De manier waarop ze met mij omgingen werd alleen maar erger. Ik weet niet waarom, maar ze wilden niet meer dat ik daar speelde. Er liep nu regelmatig een aantal kaartcontroleurs op straat die me uitscholden. Dat kon ik nog wel aan. Daar was ik aan gewend. Maar ze hadden het duidelijk over me gehad en hadden een soort plan de campagne opgesteld. Van tijd tot tijd belden ze de British Transport Police, die dan kwam en ruzie met me ging maken. Alsof ik daarop zat te wachten. Ik leerde ze op dezelfde manier aan te pakken als de andere gezagsdragers: ik beloofde nooit meer op hun drempel te gaan zitten, droop af, en kwam weer terug als de kust veilig was. Ik vond dat ik niets verkeerds deed. Ik berokkende niemand schade, toch?

Dat veranderde op een middag.

Zoals altijd ging ik met Bob naar Covent Garden. In die tijd logeerde er een vriend bij me, Dylan, die ik nog kende uit de tijd van de band. Hij was uit zijn kamer gezet toen hij weigerde een gigantische huurverhoging te betalen aan zijn gewetenloze huisbaas. Hij had voor een paar weken een slaapplek nodig. Ik had dat zelf meegemaakt, dus kon ik hem niet weigeren. Hij sliep op mijn bank.

In het begin mocht Bob Dylan niet. Volgens mij omdat hij vond dat hij minder aandacht van me kreeg. Maar toen hij merkte dat Dylan ook een groot dierenliefhebber was en Bob dus niet minder, maar juist meer aandacht kreeg, vond hij onze gast prima. Bob was gek op aandacht.

Deze middag besloot Dylan om met ons mee naar Covent Garden te gaan. Het was een prachtige, zonnige dag en hij had er zin in. Hij speelde met Bob terwijl ik me installeerde op de hoek van James Street. Nu ik erop terugkijk, kan ik amper geloven wat een geluk ik had dat hij erbij was.

Ik had de gitaarriem nog niet over mijn schouder, toen er al een busje van de British Transport Police met hoge snelheid aan kwam rijden en abrupt naast de stoep stopte. Drie agenten sprongen eruit en liepen naar me toe.

‘Wat krijgen we nou?’ vroeg Dylan.

‘Geen idee. Misschien net zo als anders,’ zei ik in de verwachting dat ik weer moest gaan beloven om weg te gaan.

Dat hoefde niet.

‘Oké. Jij gaat met ons mee,’ zei een van de agenten en wees naar mij.

‘Waarom?’

‘We arresteren je op verdenking van agressief gedrag.’

‘Wat? Wie bedreig ik dan? Verdomme, ik zou wel...’

Voor ik mijn zin af kon maken hadden ze me vastgepakt. Een van hen las me mijn rechten voor, een andere sloeg me in de boeien.

‘De rest komt op het bureau. Oké, we pakken je zooi en zetten je in het busje voor het nog erger voor je wordt,’ zei hij.

‘En mijn kat?’ Ik wees naar Bob.

‘We hebben een paar hondenhokken op het bureau. Daar stoppen we hem wel in,’ zei een andere agent. ‘Of weet je iemand naar wie hij toe kan?’

Mijn hoofd tolde. Ik wist niet wat me overkwam. Ineens zag ik Dylan. Hij stond schaapachtig wat opzij en wilde duidelijk nergens bij betrokken raken.

‘Dylan, wil jij voor Bob zorgen? Ga met hem naar de flat. De sleutels zitten in mijn rugzak.’

Hij knikte, liep naar Bob, tilde hem op en stelde hem gerust. Ik zag Bob kijken. Die was vreselijk geschrokken van wat er allemaal met me gebeurde. Door de smerige achterruit van het busje zag ik dat Dylan en Bob me nakeken.

We reden naar het bureau van de British Transport Police. Ik had nog steeds geen flauw idee wat er allemaal gebeurde.

Binnen een paar minuten stond ik voor een baliemedewerker, moest ik mijn zakken leegmaken en allerlei vragen beantwoorden. Daarna werd ik in een cel gezet met de mededeling dat ik moest wachten op een agent. Terwijl ik daar in die cel zat, muren onder de graffiti en de ruimte stinkend naar pis, kwamen er nare herinneringen naar boven.

Ik had eerder met de politie te maken gehad, meestal wegens kruimeldiefstal.

Als je dakloos of verslaafd bent, probeer je zo makkelijk mogelijk aan geld te komen. En om eerlijk te zijn: er is niets zo makkelijk als stelen. Meestal stal ik eten. Lamsvlees en dure steaks. Jamie Oliver-steaks. Lamsbouten. Gerookte hammen. Nooit kip. Kip is goedkoop. Wat ik stal, waren de dure varianten. Je krijgt de helft van wat er op het prijskaartje staat. Als je naar een kroeg gaat en het spul verkoopt, kun je daarop rekenen. Kroegen zijn goede plekken voor de verkoop van gestolen spullen. Dat weet iedereen.

De eerste keer dat ik het deed om mijn verslaving te kunnen betalen was in 2001 of 2002. Daarvoor bedelde ik. En weer daarvoor zat ik aan de methadon. Ik was clean geweest, maar was weer gaan gebruiken omdat het slecht ging. Ik zat in een louche huis, waar iedereen gebruikte, en was in mijn oude gewoonte vervallen.

Ik kan me de eerste keer dat ik werd opgepakt nog goed herinneren. Bij een Marks & Spencer. Ik zag er keurig uit en had mijn haar in een staart. Als een postbode die aan het eind van zijn ronde nog even een snack of een pak melk kwam kopen. Uiterlijk was belangrijk. Daar moest je heel goed op letten. Als ik een rugzak of een boodschappentas bij me had gehad, was ik nooit binnengekomen. Maar ik had een Royal Mail-postbodetas bij me. Tegenwoordig lukt het niet meer, maar destijds lette er niemand op je als je zo'n tas over je schouder had hangen.

Maar goed, op een dag werd ik betrapt. Ik had zestig kilo duur vlees bij me. Ik werd vastgezet. Ik kreeg ter plekke een boete van acht pond voor diefstal. Daarmee had ik geluk. Het was dan ook mijn eerste keer.

Natuurlijk hield ik niet op. Ik was verslaafd. Ik moest doen wat nodig was. Ik gebruikte heroïne en af en toe wat crack. Je neemt het risico. Je moet wel.

Het is klote als je betrapt wordt. Maar je moet door de zure appel heen bijten. Natuurlijk heb je medelijden met jezelf, maar je vecht tegen krachten die sterker zijn dan jezelf.

Je probeert je eruit te kletsen, je verzint leugens, maar ze geloven je niet. Dat doen ze nooit. Het is een vicieuze cirkel waar je in zit.

Daarom was spelen voor geld zo goed voor me. Het was legaal. Het hield me op het goede pad. Maar nu zat ik weer in de cel. Het voelde als een trap in mijn maag.

Ik zat ongeveer een halfuur in de cel toen de deur ineens openging en een agent in een wit overhemd me naar buiten sommeerde.

'Meekomen,' zei hij.

'Waar brengt u me naartoe?'

'Dat merk je wel.'

Ik werd naar een kale kamer gebracht waarin een paar plastic stoelen en een tafel stonden.

Tegenover me gingen twee agenten zitten. Eerlijk gezegd keken ze nogal verveeld. Tot een van hen me ging verhoren.

'Waar was je gisteravond rond halfzeven?'

'Eh, aan het spelen in Covent Garden.'

'Waar?'

'Op de hoek van James Street, tegenover de ingang van het metrostation.' Dat klopte.

'Ben je die avond op enig tijdstip in het metrostation geweest?'

'Nee. Nooit. Ik neem altijd de bus,' vertelde ik.

'Tja, hoe komt het dan dat we minstens twee getuigen hebben die zeggen dat je in het metrostation bent geweest en dat je een vrouwelijke kaartcontroleur hebt uitgescholden en iemand hebt bespuugd?'

'Ik weet het echt niet,' zei ik op mijn hoede.

'Ze hebben je op de roltrap van het station gezien en zeiden dat je zonder kaartje door de controlepost probeerde te komen.'

'Nou, zoals ik al zei: dat kan ik niet geweest zijn.'

'Toen je daarop aangesproken werd, heb je een vrouwelijk personeelslid uitgescholden.'

Ik schudde mijn hoofd. Dit was onwerkelijk.

'Toen werd je naar de kaartverkoop gebracht en moest je een kaartje kopen,' ging de agent verder. 'En toen je dat deed, tegen je wil, spuugde je op het raam van de kaartverkoop.'

Nou was het genoeg. Ik werd kwaad.

'Hoor eens, dit is bullshit. Ik heb al gezegd dat ik gisteravond niet in het metrostation was. Daar ben ik nooit. En ik ga nooit met de metro. Mijn kat en ik nemen altijd de bus.'

Ze keken me aan alsof ik de grootste leugenaar op aarde was.

Ze vroegen of ik een verklaring wilde afleggen, wat ik wel wilde, en ik vertelde ze dat ik de hele avond had gespeeld. Ik wist dat de bewakingscamera's dat zouden bewijzen. Maar er kwamen allerlei paranoïde gedachten bij me op.

Stel dat dit in scène was gezet. Stel dat ze de bewakingsvideo's hadden bewerkt. Wat als dit voor de rechter kwam en het mijn woord tegen drie of vier Londense metrobeambten werd?

En ik maakte me dodelijk ongerust over wat er met Bob zou gebeuren. Wie zou er voor hem zorgen? En zou hij daar willen blijven of zou hij de straat weer opgaan? En wat zou er daar met hem gebeuren? Ik wilde er niet aan denken.

Ze hielden me zo'n twee tot drie uur vast. Na een tijdje was ik alle besef van tijd kwijt. Er was geen natuurlijk licht in de ruimte, dus ik wist niet of het dag of nacht was. Op een gegeven moment kwam er een vrouwelijke agent binnen met een zeer zelfverzekerde mannelijke agent in haar kielzog.

'Ik wil een DNA-test afnemen,' zei ze terwijl de man met over elkaar geslagen armen in een hoek van de kamer ging staan en me strak aankeek.

'Oké,' zei ik en negeerde de man. Ik had toch niets meer te verliezen. 'Wat moet ik doen?'

'Gewoon blijven zitten. Ik haal met een wattenstaafje wat speeksel uit je mond.'

Ze zette een kleine bak vol wattenstaafjes en reageerbuisjes op tafel.

Het voelde ineens alsof ik bij de tandarts zat.

'Doe je mond wijd open,' zei ze.

Vervolgens stak ze een lang wattenstaafje in mijn mond, schraapte daarmee langs de binnenkant van mijn wang en dat was het.

'Klaar,' zei ze. Ze stopte het staafje in een reageerbuisje en tilde de bak op.

Eindelijk mocht ik de cel uit, werd teruggebracht naar de balie bij de ingang van het bureau, waar ik voor de ontvangst van mijn spullen tekende. Ook moest ik een formulier ondertekenen waarin stond dat ik was vrijgelaten en kreeg ik te horen dat ik twee dagen later terug moest komen.

'Wanneer hoor ik of ik formeel vervolgd word?' wilde ik weten, maar ik verwachtte niet dat de dienstdoende agent dat zou weten. Tot mijn verbazing zei hij dat ik dat waarschijnlijk te horen zou krijgen als ik over twee dagen terugkwam.

'Echt waar?'

'Hoogstwaarschijnlijk wel.'

Dat was goed en slecht. Goed omdat ik dan niet maanden hoefde te wachten om te weten of ik vervolgd zou worden. Slecht omdat ik, als ze me gingen vervolgen, misschien vrij snel vast zou zitten.

Dat was niet iets om naar uit te kijken.

Toen ik eindelijk was vrijgelaten, liep ik in het pikkedonker door de straten achter Warren Street. Overal zag ik kleine groepjes daklozen die zich installeerden voor de nacht, weggedoken in steegjes.

Het was bijna elf uur en tegen de tijd dat ik bij metrostation Seven Sisters was, was het bijna middernacht. Op straat liepen dronken mensen die uit kroegen waren gezet.

Toen ik thuis was, kon ik eindelijk opgelucht ademhalen.

Dylan keek tv en Bob lag opgerold op zijn gebruikelijke plek naast de radiator. Ik was nog niet binnen of hij sprong op en kwam naar me toe. Met een scheve kop keek hij me aan.

'Ha, jochie, alles goed?' Ik zakte door mijn knieën en aaide hem.

Onmiddellijk klauterde hij op mijn knie en wreef zijn kop tegen mijn wang.

Dylan was naar de keuken gelopen en kwam terug met een koud blikje bier.

'Daar ben ik echt aan toe. Bedankt.'

Ik trok het blikje open en nam een grote slok van het koude bier.

Daarna probeerde ik met Dylan op een rijtje te zetten wat er allemaal was gebeurd. Ik wist dat de kaartcontroleurs van Covent Garden me niet mochten, maar ik had niet verwacht dat ze me op wilden zadelen met een misdaad die ik niet had begaan.

'Het is gewoon onmogelijk dat het DNA met het jouwe overeenkomt, vriend,' verzekerde Dylan me.

Ik zou er graag even zeker van zijn geweest als hij.

Ik sliep slecht die nacht. Ik was echt van de kaart door alle gebeurtenissen. Hoewel ik vaak tegen mezelf zei dat alles goed zou komen, bleef ik het idee houden dat mijn leven op een verschrikkelijk punt was aanbeland. Ik voelde me machteloos, boos – en doodsbang.

De volgende dag besloot ik met een wijde boog om Covent Garden te lopen. Bob en ik speelden op Neal Street en op een paar plekken richting Tottenham Court Road. Maar het ging niet van harte. Ik maakte me bezorgd over wat er de volgende dag op het politiebureau zou gebeuren. En weer sliep ik slecht die nacht.

Ik moest om twaalf uur 's middags op het bureau zijn, maar vertrok vroeg, om er in ieder geval op tijd te zijn. Ik wilde ze geen aanleiding geven. Bob had ik thuisgelaten – voor het geval ik weer uren zou worden vastgehouden. Hij merkte hoe zenuwachtig ik was toen ik ijsberend door de flat mijn ontbijt opat.

'Geen zorgen, jochie. Voor je het weet, ben ik weer terug,' zei ik zo overtuigend mogelijk, toen ik wegging. Ik wilde dat ik het zelf geloofde.

Het duurde even voor ik het bureau had gevonden. Het lag wat achteraf in een straatje achter Tottenham Court Road. De vorige keer was ik in een busje gekomen en in het donker weggegaan, dus het was niet vreemd dat ik er niet meteen naar toe liep.

Toen ik er was, moest ik gaan zitten en twintig minuten wachten. Dat waren twintig lange, zenuwslopende minuten. Eindelijk werd ik opgeroepen. In een kamertje zaten twee agenten op me te wachten, een man en een jonge vrouw.

Voor hen lagen dikke dossiers. Ik vroeg me af wat ze over mijn verleden hadden opgegraven. Alleen God wist welke verborgen lijken ze in de kast hadden gevonden.

De mannelijke agent begon en vertelde me dat ik niet vervolgd zou worden voor agressief gedrag. Ik kon wel raden waarom.

'Mijn DNA matchte niet met het speeksel op het loketraam, hè?' Ineens voelde ik me een stuk beter.

Hij keek me met een heel klein lachje aan. Hij mocht niets zeggen, dat wist ik. Maar dat hoefde hij ook niet. Het was overduidelijk dat iemand van het metrostation me valselijk had willen beschuldigen en dat dat mislukt was.

Als dat het goede nieuws was, zou het slechte nieuws niet lang op zich laten wachten.

De vrouw vertelde me dat ik zou worden vervolgd wegens illegaal spelen voor geld, oftewel 'klanten lokken voor geld', zoals het officieel heet.

Ze schoven een vel papier naar me toe en vertelden dat ik over een week ongeveer opgeroepen zou worden door de rechtbank.

Opgelucht liep ik het bureau uit. 'Klanten lokken voor geld' is een relatief licht vergrijp, zeker ten opzichte van agressief gedrag. Als ik geluk had, kreeg ik een kleine boete en een tik op mijn vingers. Meer niet.

Agressief gedrag was uiteraard een heel ander geval geweest. Dan zou ik zwaar gestraft kunnen worden, zelfs gevangenisstraf kunnen krijgen. Ik was goed weggekomen.

Diep vanbinnen wilde ik het onrecht dat me was aangedaan aanvechten. De beschrijving van de persoon die op het raam had gespuugd paste in de verste verte niet op mij. Op basis van wat er gebeurd was, bedacht ik dat ik ze wegens onrechtmatige arrestatie kon aanklagen.

Maar om eerlijk te zijn was ik vooral opgelucht, toen ik die middag naar huis liep. Opgelucht en met het gevoel dat mijn leven een nieuwe wending had genomen. Welke kant op, dat wist ik nog niet.

Ik moest nog steeds naar de rechtszaal, dus ging ik naar de Rechtswinkel en vroeg om advies. Ik had dat misschien eerder moeten doen, maar het was niet bij me opgekomen.

Ze vertelden me dat ik, omdat ik in een afkickprogramma zat en begeleid woonde, in aanmerking kwam voor gratis rechtshulp. Maar aangezien ik niet verwachtte dat ik een advocaat nodig had in de rechtszaal, vroeg ik alleen maar advies.

Dat was heel duidelijk. Ik moest op de zitting verschijnen en verklaren dat ik schuldig was aan spelen voor geld: kort en simpel. Ik moest gewoon meewerken, alles vertellen en hopen dat de rechter geen sadist was die een hekel had aan straatmuzikanten.

Toen de dag daar was, trok ik een schoon shirt aan (over een T-shirt met EXTREMELY UNHAPPY erop), schoor me en ging naar het gerechtsgebouw. De wachtkamer zat vol: van angstaanjagende mannen met geschoren hoofden en een Oost-Europees accent tot keurige mannen van middelbare leeftijd in grijze pakken, voor verkeersovertredingen.

'James Bowen. Het hof roept James Bowen op,' riep eindelijk een bekakte stem. Ik haalde diep adem en liep naar binnen.

De rechters keken me aan alsof ik afval was. Maar krachtens de wet konden ze me niet veel maken, mede doordat het mijn eerste keer spelen voor geld was.

Ik kreeg drie maanden voorwaardelijk. Ik kreeg geen boete. Maar ze maakten me heel duidelijk dat als ik weer betrapt zou worden, ik een boete zou krijgen – of erger.

Belle en Bob wachtten buiten op me. Zodra hij me zag, sprong Bob van haar schoot en trippelde naar me toe. Hij was heel blij me weer te zien.

'Hoe ging het?' vroeg Belle.

'Drie maanden voorwaardelijk. Maar als ze me nog een keer pakken, ben ik de klos.'

'En wat ga je nu doen?'

Ik keek eerst naar haar en toen naar Bob. Het antwoord moest op mijn gezicht te lezen zijn.

De koek was op. Bijna tien jaar was ik gitaar spelend voor geld door het leven gegaan. De tijden waren veranderd – net zoals mijn leven, zeker sinds Bob in mijn leven was gekomen. Langzamerhand was het me duidelijk geworden dat ik moest stoppen met muziek maken voor geld. Het werkte niet. Soms verdiende ik niet genoeg om rond te komen en soms bracht het mij – en veel belangrijker: Bob – in gevaarlijke situaties. En nu kwam daar nog bij dat, als ik werd betrapt op het spelen op een verkeerde plek, ik in de gevangenis kon belanden. Het was het niet waard.

'Ik weet nog niet wat ik ga doen, Belle. Maar één ding weet ik wel: dat ik niet meer voor geld ga spelen.'

12

Nummer 683

Mijn hoofd tolde de dagen hierna. Ik voelde van alles.

Deels was ik nog steeds boos over het onrecht dat me was aangedaan. Mijn kostwinning was me ontnomen omdat een paar mensen me niet mochten. Maar tegelijkertijd had ik ook het idee dat het in mijn voordeel kon werken.

Diep vanbinnen wist ik dat ik niet mijn hele leven kon spelen voor geld. Ik zou echt niet mijn hele leven op straathoeken liedjes van Johnny Cash en Oasis zingen. Met alleen gitaar spelen zou ik niet de kracht hebben om clean te blijven. Het drong tot me door dat ik op een kruispunt stond, dat ik nu de kans kreeg om het verleden achter me te laten. Die kans had ik eerder ook gehad, maar voor het eerst sinds jaren had ik het gevoel dat ik hem zou grijpen.

Voorlopig was dat nog allemaal theorie, want ik kende ook de harde waarheid: ik had niet veel opties. Hoe ging ik geld verdienen? Niemand zou me een baan geven.

Niet omdat ik dom was. Dankzij het IT-werk dat ik als tiener in Australië had gedaan, wist ik vrij veel van computers. Ik had veel met laptops van vrienden en de computers in de bibliotheek gewerkt en had mezelf aardig wat geleerd. Maar ik had geen enkele referentie of relevante werkervaring in Engeland en als een toekomstige baas me zou vragen wat ik de afgelopen tien jaar had gedaan, kon ik helaas niet vertellen dat ik voor Google of Microsoft had gewerkt. Dus dat werkte niet.

Ik hoefde ook niet te proberen om een computercursus te gaan volgen, want ik zou niet worden aangenomen. Officieel zat ik nog steeds in een afkickprogramma, woonde ik begeleid en had ik niet eens een middelbareschooldiploma. Ze zouden me met geen vinger aan willen en mogen raken. Al met al had ik geen enkele kans op een normale baan. Ongeacht wat normaal was.

Ik realiseerde me al snel dat er maar één realistisch alternatief was. Ik verkeerde niet in de luxepositie dat ik kon wachten op een baan. Ik moest geld verdienen voor Bob en mezelf. Dus ging ik met Bob een paar dagen na de rechtszitting naar Covent Garden – voor het eerst sinds jaren zonder mijn gitaar op mijn rug.

Toen we bij het plein waren, liepen we meteen naar de plek waar Sam meestal stond. Zij was de buurtcoördinator van de verspreiding van de straatkrant *Big Issue*.

Ik had al eerder de *Big Issue* verkocht, in 1998 en 1999 toen ik voor het eerst op straat leefde. Ik kreeg mijn accreditatie en werkte op de straten rond Charing Cross en Trafalgar Square. Het was geen succes. Binnen een jaar stopte ik ermee.

Ik herinnerde me nog altijd hoe verschrikkelijk het was.

Toen ik nog de *Big Issue* verkocht, kwamen er veel mensen op me af die snauwden: 'Zoek een baan'. Daar werd ik oprecht kwaad over. Die mensen wisten niet dat het verkopen van de *Big Issue* een baan was. Dat als je een goede *Big Issue*-verkoper bent, dat betekent dat je je zaakjes goed voor elkaar hebt. Toen ik de krant verkocht, had ik vaste kosten. Ik moest de exemplaren die ik wilde verkopen eerst zelf kopen. Dus iedere dag dat ik bij de coördinator stond, moest ik geld hebben om een paar exemplaren te kunnen kopen. Die oude regel geldt net zo goed voor *Big Issue*-verkopers als voor ieder ander: je moet geld hebben om geld te verdienen.

Maar veel mensen denken dat het een bedelbaantje is. Dat de verkopers de kranten gratis krijgen. Dat is dus niet zo. Als dat zo was, zouden de verkopers veel meer verkopen dan ze doen. De filosofie achter *Big Issue* is dat het mensen wil leren zichzelf te bedruipen. Maar in die tijd wilde ik geen hulp. Ik was er nog niet klaar voor.

Ik herinner me nog de grimmige, deprimerende dagen dat ik op natte, winderige straathoeken stond en probeerde de Londenaars over te halen om me geld te geven in ruil voor een krant. Dat was echt moeilijk, want in die tijd bepaalden drugs nog mijn leven. En het enige wat ik meestal kreeg voor mijn moeite waren scheldkanonnades of een harde duw.

Maar het was vooral moeilijk omdat ik onzichtbaar was. De meeste mensen negeerden me volledig. Ze deden hun best om me te ontwijken. Daarom was ik voor geld gaan spelen. Zo kon ik met mijn muziek de aandacht van de mensen trekken, kon ik ze laten weten dat ik een levend wezen was. En zelfs toen negeerden de meeste mensen me.

Ik zou er nooit over hebben gepiekerd om de *Big Issue* weer te gaan verkopen als Bob er niet was geweest. Hij had mijn kansen doen keren. Mijn geluk – en mijn levenslust – op straat was opmerkelijk. Als ik samen met Bob net zoveel succes zou hebben met de *Big Issue* verkopen als met muziek maken, dan was ons kostje gekocht. Er was nog maar één probleem: ik moest weer worden aangenomen.

Sam stond in een zijstraatje van het hoofdplein van Covent Garden, waar de *Big Issue*-verkopers hun exemplaren kwamen kopen. Er waren nu niet veel verkopers. En degenen die er waren, waren allemaal mannen. Ik herkende een paar gezichten. Van ene Steve bijvoorbeeld, ik wist nog dat hij de kranten leverde. Op maandag bracht hij altijd de nieuwe kranten.

We waren elkaar een paar keer in de buurt van Covent Garden tegengekomen, maar zochten elkaar niet op. Ik had het vage vermoeden dat hij niet heel blij was me te zien, maar dat boeide me niet. Ik kwam niet voor hem, maar voor Sam.

'Hoi, spelen jullie vandaag niet?' vroeg ze en gaf Bob een vriendelijk klopje.

'Nee, dat kunnen we verder vergeten. Gezeik met de politie. Als ik weer betrapt word op een illegale plek, dan heb ik echt een probleem. En dat kan ik niet riskeren, nu ik voor Bob moet zorgen. Toch, jochie?'

'Oké.' Ik zag aan haar gezicht dat ze wist wat ik wilde gaan vragen.

'Dus,' zei ik terwijl ik op mijn voeten wipte, 'nu vroeg ik me af...'

Glimlachend onderbrak Sam me: 'Tja, dat hangt ervan af of je aan de criteria voldoet.'

'O, dat doe ik.' Ik wist dat ik als iemand die 'begeleid woonde' in aanmerking kwam om de krant te verkopen.

'Je zult weer de hele administratieve rompslomp moeten doorstaan en naar Vauxhall moeten om je in te schrijven.'

'Oké.'

'Weet je nog waar het kantoor is?' Ze pakte een plattegrondje.

'Nee,' zei ik, want volgens mij was het kantoor verhuisd, nadat ik me jaren geleden had ingeschreven.

'Neem de bus naar Vauxhall en stap uit bij het treinstation.

Het is aan de overkant van de straat, niet ver van de rivier. Het is daar eenrichtingsverkeer. Als je je accreditatie hebt gekregen, kom je weer terug en dan zal ik kijken wat ik voor je kan doen.'

Ik pakte het plattegrondje aan en ging met Bob naar huis. 'We moeten ons gaan opknappen, Bob, want we gaan solliciteren.'

Ook had ik nog wat papieren nodig voordat ik naar het kantoor van *Big Issue* kon, dus ging ik de volgende dag naar mijn begeleidster. Ik moest daar toch regelmatig langs. Ik vertelde over mijn huidige situatie en wat er met de Transport Police was voorgevallen. Gelukkig kon ze me een brief geven waarin stond dat ik 'begeleid woonde' en dat het verkopen van *Big Issue* me zou helpen om mijn leven weer op het juiste spoor te krijgen.

Nadat ik me die dag had geschoren, mijn haar in een staart deed, een net shirt had aangetrokken, ging ik met alle paperassen die ik nodig had naar Vauxhall.

Ik had Bob ook meegenomen. Deels verwachtte ik namelijk dat Bob me met de verkoop van de krant net zo zou helpen als bij het muziek maken. Dus zouden hij en ik een team vormen, en dan wilde ik hem ook laten registreren als dat mogelijk was.

Het kantoor van de *Big Issue* stond in een onopvallend kantorenblok aan de zuidoever van de Theems, vlak bij Vauxhall Bridge en het gebouw van MI6.

Het eerste wat ik zag bij de receptie was een bordje GEEN HONDEN TOEGESTAAN. Blijkbaar hadden die vroeger wel naar binnen gemogen, maar hadden die zo vaak met elkaar gevochten dat het nu verboden was. Maar er stond niets over katten.

Nadat ik een aantal papieren had ingevuld, moest ik gaan

zitten en op mijn beurt wachten. Na een tijdje werd ik omgeroepen en naar een man in een van de kamertjes gebracht. Het was een aardige vent en we kletsten even. Jaren geleden had hijzelf op straat geleefd en met hulp van de verkoop van de *Big Issue* had hij langzaamaan zijn leven weer op orde gekregen.

Ik legde hem mijn situatie uit en hij reageerde begripvol.

'Ik weet precies hoe het daarbuiten is, James.'

Al na een paar minuten stak hij een duim naar me op en zei dat ik in een ander kamertje mijn pasje zou krijgen. Daar moest ik een foto van mezelf laten maken en wachten op de geplastificeerde kaart met mijn nummer erop. Ik vroeg aan de man die de pasjes maakte of Bob ook een ID kon krijgen.

'Sorry,' zei hij hoofdschuddend. 'Huisdieren mogen geen eigen kaart. Dat hebben we vroeger wel voor honden gedaan, maar nog nooit voor een kat.'

'En met mij samen op de foto?'

Hij trok een gezicht alsof hij wilde zeggen: dat weet ik niet. Maar ten slotte gaf hij toe.

'Schiet maar op.'

'Lachen, Bob,' zei ik toen we voor de camera zaten.

Terwijl hij wachtte tot de foto klaar was, zorgde de man voor de rest van de registratie. Als je een *Big Issue*-verkoper wordt, krijg je een willekeurig nummer toegewezen. De nummers volgen elkaar niet op. Als ze dat zouden doen, zouden we een getal in de duizenden krijgen, want veel mensen die zich door de jaren heen hebben ingeschreven om de *Big Issue* te verkopen, zijn inmiddels spoorloos verdwenen. Nu gaat het zo dat als iemand een tijdlang niet komt opdraven, diens nummer weer in circulatie wordt gebracht.

Na een kwartiertje kwam de man weer naar de balie.

'Alsjeblieft, meneer Bowen,' zei hij en gaf me het geplastificeerde pasje.

Toen ik naar de foto keek, moest ik lachen. Bob stond aan mijn linkerkant. We waren een team. Met *Big Issue*-verkopersnummer 683.

Het was een lange reis terug naar Tottenham. We moesten met twee bussen. In de anderhalf uur die het ons kostte, bladerde ik het boekje door dat ik had gekregen. Dat had ik tien jaar geleden ook gedaan, maar daar was niet veel van blijven hangen. Eerlijk gezegd had ik het destijds niet al te serieus genomen. Mijn hoofd stond er toen niet naar. Maar deze keer was ik vastbesloten om het veel serieuzer aan te pakken.

Het boekje begon met de filosofie achter *Big Issue*: *De* Big Issue *is opgericht om daklozen en begeleidwoners de kans te geven om op legale wijze hun geld te verdienen door kranten te verkopen. Wij geloven in een hand toereiken, niet in een aalmoes geven, en willen individuen de kans geven hun eigen leven weer op de rails te zetten.*

Dat is precies wat ik wil, dacht ik, een helpende hand. En deze keer pak ik hem.

Vervolgens stond er dat ik een 'introductie zou moeten volgen en de gedragscode zou moeten ondertekenen'. Die introductie hield in dat ik eerst op een 'testplek' zou werken, waar buurtcoördinatoren me zouden beoordelen. Dat wist ik nog van vroeger.

Als dat goed ging, kreeg ik een vaste plek aangewezen. Ik zou tien gratis exemplaren van de krant krijgen om te kunnen starten. Daarna lag de bal bij mij. *Als die exemplaren zijn verkocht, kun je de volgende exemplaren voor £1 inko-*

pen en voor £2 verkopen. Je verdient dus £1 per exemplaar.

Verder stond er dat de verkopers freelance in dienst waren bij *Big Issue. We geven geen geld terug voor de exemplaren die niet zijn verkocht. Dus elke verkoper moet zijn handel en financiën zelf goed in de gaten houden. Die vaardigheden, net als het zelfvertrouwen en zelfrespect dat ze met de krantverkoop opbouwen, zijn essentieel voor het herintegreren van de daklozen in de maatschappij.*

Dat was de simpele doelstelling erachter. Maar er kwam nog een heleboel meer bij kijken. Daar zou ik snel achter komen.

De volgende ochtend ging ik weer naar Covent Garden, naar Sam de coördinator. Ik wilde zo snel mogelijk met de introductie beginnen.

'Alles goed gegaan in Vauxhall?' vroeg Sam toen ze Bob en mij zag.

'Volgens mij wel. Ik heb deze gekregen,' zei ik met een grijns en liet trots het geplastificeerde pasje zien.

'Mooi.' Sam keek glimlachend naar de foto van Bob en mij. 'Dan kunnen jullie aan de slag.'

Ze pakte mijn tien gratis exemplaren van de krantenstapel.

'Alsjeblieft. Je weet dat je de volgende moet kopen?'

'Yep.'

Ze keek op een papiertje. 'Eens even kijken wat jullie testplek wordt.'

Al snel zag ik dat ze een keuze had gemaakt.

'Iets gevonden?' vroeg ik gespannen.

'Volgens mij wel.'

Toen ze verderging, kon ik mijn oren amper geloven.

'Oké, jullie testplek is daar.' Ze wees naar het metrostation Covent Garden, een paar meter van James Street.

Ik kon er niets aan doen: ik moest lachen.

'Alles oké? Is er wat? Ik wil wel een andere plek zoeken als je dat prettig vindt?'

'Nee, nee. Geen punt. Lijkt me een prima plek. Het is voor mij een gedenkwaardige plek. Ik ga er direct naartoe.'

Ik vertrok meteen. Het was inmiddels ruim in de ochtend, een paar uur vroeger dan ik normaal begon te spelen, maar er liepen al massa's mensen op straat. Vooral toeristen. Het was een zonnige ochtend, waardoor – zo wist ik uit ervaring – de mensen vriendelijker en guller waren.

Als ik aan het spelen was, had ik altijd het idee dat ik het gezag uitdaagde. Maar de *Big Issue* verkopen was iets heel anders. Ik mocht daar officieel staan. Dus ging ik zo dicht mogelijk bij de ingang van het station staan, zonder er naar binnen te gaan.

Stiekem keek ik naar binnen om te zien of er kaartcontroleurs rondliepen die het me in het verleden zo moeilijk hadden gemaakt. En jawel, daar stond er een. Een grote, zwetende, dikke kerel in een blauw overhemd. Hij had het druk, zodat hij me niet zag, maar dat zou nog wel gebeuren.

Ondertussen begon ik aan mijn krantenverkoopbaan.

Ik wist dat ze me deze plek had toegewezen, omdat de normale *Big Issue*-verkopers het een verschrikkelijke plek vonden. In- en uitgangen van een metrostation zijn niet de plekken waar mensen tijd hebben om even stil te staan om met iemand te praten die hun iets wil verkopen. Mensen hebben haast. Ze moeten ergens naartoe. Ze hebben met andere mensen afgesproken. Een normale *Big Issue*-verkoper zou al moeite hebben om een op de duizend mensen aan te kunnen spreken die langs hem of haar racen. Dat was een ondankbare taak. In de tijd dat ik op straat speelde, had ik een hele stoet van verkopers voorbij zien komen die tevergeefs probeerden de aandacht van mensen te trekken.

Maar ik was geen normale *Big Issue*-verkoper. Ik had een geheim wapen, dat zijn betoverende werking allang bewezen had op Covent Garden. En al snel lukte het hem ook hier.

Ik zette Bob naast me op de stoep, waar hij tevreden in de zon zat. Veel mensen zagen hem niet, omdat ze voorbij renden met in de ene hand hun mobiel en met de andere hand zochten ze in hun zakken naar hun kaartjes. Maar een paar mensen wel.

Ik stond er nog maar net, toen twee jonge Amerikaanse toeristen stilstonden en naar Bob wezen.

'Ahhh!' zei een van hen en pakte haar camera.

'Mogen we een foto van je kat maken?' vroeg de ander.

'Tuurlijk, waarom niet?' zei ik vriendelijk, omdat heel veel mensen dat niet eens vroegen, maar gewoon deden. 'Maar willen jullie dan een *Big Issue* kopen? Dan hebben hij en ik vanavond te eten.'

'Natuurlijk,' zei de tweede vrouw. Ze leek zich te schamen dat ze daar zelf niet aan had gedacht.

'Het hoeft niet, hoor, als je geen geld hebt. Het is niet verplicht.'

Maar al voor ik was uitgepraat, had ze me een briefje van vijf pond gegeven.

'O, maar ik heb nog geen wisselgeld. Ik ben net pas begonnen,' zei ik en voelde dat ik bloosde. Ik weet dat veel mensen denken dat *Big Issue*-verkopers dat altijd zeggen, maar ik had echt niet veel losgeld op zak. Toen ik dat telde, had ik nog geen pond bij elkaar.

Dat gaf ik aan de vrouw en zei: 'Meer heb ik niet.'

'Dat geeft niet. Hou het wisselgeld maar, koop er wat lekkers van voor je kat.'

Toen de Amerikaanse vrouwen weg waren, kwam er een groep Duitse toeristen voorbij. En ook zij vonden Bob geweldig. Ze kochten geen krant, maar dat vond ik niet erg.

Ik wist inmiddels dat ik die tien exemplaren zonder al te veel moeite zou verkopen. Misschien zou ik al voor het eind van de middag bij Sam nieuwe kranten moeten kopen.

Binnen een uur had ik zes kranten verkocht. De meeste mensen betaalden met gepast geld, maar een oudere man in een net pak gaf me vijf pond. Ik was ontzettend blij dat ik deze stap had gewaagd. Natuurlijk zou het niet altijd zo goed lopen, dat wist ik best. Er zouden ups en downs komen. Maar ik voelde nu al dat ik een grote stap in de goede richting had gezet.

Het was nu al een goede dag, maar de slagroom op de taart kwam zo'n tweeënhalf uur later. Toen had ik nog twee kranten. Ineens werd het onrustig in het station en liep er een groepje metropersoneel naar de in- en uitgang. Ze waren druk in gesprek en een paar praatten in hun walkietalkies.

Ik dacht meteen aan wat me nog niet zo lang geleden was overkomen en vroeg me af of er een nieuw akkefietje was gebeurd en of een arme sloeber met een misdaad zou worden opgezadeld die hij niet begaan had.

Maar wat er ook gebeurd was, het werd al snel rustig en de groep wilde zich terugtrekken. Tot die grote, zwetende kaartcontroleur Bob en mij zag staan. Onmiddellijk beende hij onze kant op.

Hij zag er opgewonden en boos uit en had een hoofd als een

biet. Het schijnt dat je van wraak het meest geniet als je rustig blijft, dus besloot ik rustig te blijven.

'Wat doe jij hier, verdomme?' snauwde hij. 'Ik dacht dat je vastzat. Je weet dat je hier niet mag staan.'

Ik zei niets, maar haalde heel langzaam en rustig mijn *Big Issue*-pasje tevoorschijn en hield dat voor zijn neus.

'Ik doe gewoon mijn werk, man,' zei ik en genoot van zijn woedende en verbijsterde gezicht. 'En als jij het jouwe nou eens ging doen.'

13

De perfecte plek

In mijn leven had ik veel verkeerde beslissingen genomen. Zeker de afgelopen tien jaar had ik, steeds als ik een kans had gekregen, het ontzettend verknald. Maar al een paar dagen na mijn besluit om *Big Issue*-verkoper te worden, wist ik gewoon dat ik eindelijk een stap in de goede richting had gezet.

Het had directe gevolgen voor het leven van Bob en mij. Om te beginnen gaf het ons veel meer structuur. Ik had een baan van maandag tot vrijdag, oké, eigenlijk van maandag tot zaterdag.

Want de eerste twee weken werkten Bob en ik op Covent Garden van maandag tot zaterdag, wat aansloot op het uitkomen van de krant. Iedere maandagochtend kwam er een nieuwe editie uit.

We stonden er 's ochtends vanaf koffietijd en hielden meestal op aan het eind van het avondspitsuur, dus rond 7 uur. We bleven net zo lang als we kranten verkochten.

Het samenzijn met Bob had me veel geleerd over verantwoordelijkheden, maar de *Big Issue* had dat nog een niveau hoger getild. Als ik geen verantwoordelijkheid nam en niet plande, dan verdiende ik geen geld. En als ik geen geld verdiende, dan hadden Bob en ik niets te eten. Dus direct vanaf die eerste twee weken probeerde ik te bedenken hoe ik mijn *Big Issue*-stek het beste kon bestieren.

Voor iemand die bijna tien jaar totaal ongeorganiseerd heeft geleefd, is dat een enorme sprong. Ik was nooit goed geweest met geld en leefde van dag tot dag. Ik verraste mezelf door me aan die nieuwe eisen aan te passen.

Er waren ook negatieve kanten, die zijn er altijd. De *Big Issue* kon niet worden geretourneerd, dus ik leerde al snel dat je, als je het aantal kranten verkeerd had ingeschat, veel geld kwijt was. Het is een fikse tegenvaller als je op zaterdagavond nog vijftig kranten overhebt. De maandag daarop krijg je niets voor die oude kranten, maar moet je wel nieuwe kopen. En aan de andere kant wil je ook weer niet te weinig inkopen. Dan ben je snel uitverkocht en moet je je kopers teleurstellen. Het verschilde eigenlijk niet zo heel veel van een Marks & Spencers leiden – in theorie dan.

Een andere factor waar je rekening mee moest houden was dat er een groot verschil zat tussen de verschillende edities. Sommige weken was het een goede editie met interessante artikelen. Maar andere weken was de krant ronduit saai en verkocht hij slecht. Helemaal als er op de voorkant geen beroemde film- of popster stond. Dat was moeilijk in te schatten.

Het duurde dan ook even voor ik dat onder de knie had.

Terwijl ik piekerde over de beste manier om de *Big Issue* te verkopen, leefde ik nog steeds van dag tot dag. Wat ik tussen maandagochtend en zaterdagavond verdiende, was meestal de maandagochtend daarna op. Soms had ik aan het begin van de week bij de coördinator maar een paar pond op zak. Als Sam er dan was, vroeg ik of ze me wilde matsen en me tien exemplaren wilde voorschieten. Dan betaalde ik haar terug zodra ik geld had. Dat deed ze soms voor verkopers die ze goed kende en vertrouwde. Ik had het een paar keer gedaan toen ik volledig aan de grond zat en had haar altijd binnen een paar uur terugbetaald. Ik wist dat het geld dat ze voorschoot uit haar eigen zak kwam en niet uit de portemonnee van *Big Issue*, dus was het wel zo eerlijk. Als ik die exemplaren had verkocht, ging ik terug, betaalde mijn schuld af en kocht nog meer kranten. Op die manier bouwde ik het op.

In feite verdiende ik daardoor minder geld dan met het muziek maken met Bob. Maar toen ik eraan gewend was, vond ik het toch alle moeite waard. Ik vond het heel belangrijk dat ik nu legitiem op straat werkte. Als ik nu werd aangehouden door een agent, kon ik mijn pasje laten zien en werd ik met rust gelaten. Na het akkefietje met de British Transport Police vond ik dat niet onbelangrijk.

De volgende maanden bij het metrostation vlogen voorbij. Op veel manieren leek het op muziek spelen. We trokken hetzelfde soort mensen: veel dames van middelbare en oudere leeftijd, groepen studentes, homo's en mensen uit alle lagen van de bevolking.

Op een dag aan het begin van de herfst van 2008 kwam er een flamboyante jongen op ons af. Hij had geblondeerde haren en droeg een spijkerbroek en cowboylaarzen, en ik vermoedde dat zijn leren jasje en spijkerbroek een fortuin hadden gekost. Misschien was hij een Amerikaanse rockster; hij leek er in ieder geval wel op.

Hij liep naar Bob, stond stil en zei glimlachend met een trans-Atlantisch, lijzig accent: 'Wat een leuke kat.'

Hij had echt iets bekends, maar ik kon hem nog niet plaatsen. Eigenlijk wilde ik hem vragen wie hij was, maar dat leek me onbeleefd, dus vroeg ik het niet.

Hij hurkte neer en aaide Bob.

'Zijn jullie al lang samen?'

'Eh, tja, nou moet ik echt even nadenken. Oké. We zijn sinds de lente van vorig jaar samen, dus dat is zo'n anderhalf jaar.'

'Cool. Jullie zijn echt soulmates,' vond hij glimlachend. 'Alsof jullie bij elkaar horen.'

'Bedankt,' zei ik en ik wilde nu helemaal graag weten wie hij in hemelsnaam was.

'Oké, ik moet verder. Tot ziens maar weer.' En hij haalde uit zijn jaszak een rolletje bankbiljetten. Daar trok hij een briefje van tien uit en gaf het me.

'Laat maar zitten,' zei hij toen ik begon te zoeken naar wisselgeld. 'Ik hoop dat jullie een goede dag hebben.'

'Dat gaat wel lukken,' beloofde ik hem. En het lukte inderdaad.

Het was een groot verschil dat ik nu legitiem bij het metrostation werkte. Een enkele keer waren er een paar bekende gezichten van het station langsgekomen die me woedend aankeken, maar die had ik genegeerd. De rest van het personeel was oké. Ze wisten dat ik daar werkte en zolang ik niemand lastigviel of beledigde vonden ze het prima.

En natuurlijk trokken Bob en ik de aandacht van andere *Big Issue*-verkopers.

Ik was niet zo naïef dat ik dacht dat alles pais en vree zou zijn met de andere verkopers en straatwerkers. Zo was het leven op straat niet. Het was geen gemeenschap die voor elkaar zorgde, het was een wereld waarin iedereen voor zichzelf zorgde. In ieder geval reageerden de meeste *Big Issue*-verkopers goed op die nieuwe kerel met een kat op zijn schouders.

Er waren al eerder verkopers met honden geweest. Een paar van hen waren zeer opvallende typetjes. Maar voor zover ik wist, was er nog nooit een *Big Issue*-verkoper met een kat op Covent Garden geweest – of elders in Londen.

Sommige verkopers vonden het enig. Ze kwamen naar ons toe, aaiden Bob en vroegen hoe en waar we elkaar hadden ontmoet en wat ik over hem wist. Het antwoord was – uiteraard – niets. Hij was een onbeschreven blad, een geheimzinnige kat, waardoor iedereen hem nog liever vond.

Niemand was in mij geïnteresseerd. Het eerste wat ze vroegen als ze ons zagen, was: 'Hoe gaat het met Bob vandaag?' Nooit vroeg iemand hoe het met mij ging. Maar dat gaf niet, dat was te verwachten. En ik wist dat die vriendschappelijkheid niet eeuwig zou duren. Dat kon niet op straat.

Ik ontdekte dat ik samen met Bob op een goede dag dertig tot wel vijftig kranten verkocht. Met £2 per stuk, dat kostten ze destijds, kon het behoorlijk oplopen, zeker met de fooien die ik kreeg – of beter: die Bob kreeg.

Op een herfstavond zat Bob op mijn rugzak te genieten van een van de laatste zonnige dagen toen er een welgesteld stelletje langs het metrostation liep. Aan hun kleding te zien, gingen ze naar het theater of de opera. Hij droeg een smoking, zij een zwarte, zijden jurk.

'Jullie zien er mooi uit,' zei ik terwijl ze Bob bewonderden. De dame glimlachte, maar de man negeerde me.

'Hij is prachtig,' vond ze. 'Zijn jullie al lang samen?'

'Al een behoorlijk tijdje. We hebben elkaar op straat ontmoet.'

'Alsjeblieft,' zei de man ineens. Hij had zijn portemonnee gepakt en gaf me een biljet van twintig pond.

Voor ik naar wisselgeld kon zoeken, zei hij: 'Nee, laat maar zitten.' En glimlachte naar de vrouw.

Ze keek hem aan met een blik die boekdelen sprak. Ik kreeg het idee dat dit hun eerste afspraakje was. Ze was er duidelijk van onder de indruk dat hij me zoveel geld had gegeven.

Toen ze verder liepen zag ik dat ze dichter bij hem ging lopen en hem een arm gaf. Waarom hij me zoveel geld gaf interesseerde me niet. Het was de eerste keer dat ik een biljet van twintig pond had gekregen.

Na een paar weken op ons plekje bij het metrostation, realiseerde ik me dat het – in plaats van een slechte – de ideale plek was voor Bob en mij. Daarom was ik teleurgesteld toen Sam me vertelde dat de proeftijd voorbij was en dat ik binnen veertien dagen mijn nieuwe plek zou krijgen.

Niet dat het een echte verrassing was. Als je een *Big Issue*-verkoper bent, weet je dat iedereen van elkaar kan zien hoeveel of hoe weinig je verkoopt. Bij de coördinator hangt een lijst waarop iedereen kan lezen hoeveel kranten iedere verkoper heeft gekocht. Dan weet je wie er hoeveel bundels van tien of twintig stuks heeft gekocht en je kunt zien hoeveel bundels ze op dat moment kopen. In die eerste weken hadden ze natuurlijk gezien dat ik veel krantenbundels had gekocht.

Algauw werd duidelijk dat sommige verkopers het inderdaad hadden gelezen. In de tweede week merkte ik een subtiele verandering in hun houding.

Daarom was het geen verrassing dat Sam me vertelde dat mijn

proeftijd erop zat en dat ik een andere werkplek zou krijgen. Onze nieuwe plek lag ook in de buurt van het metrostation, op de hoek van Neal Street en Short's Gardens, voor de schoenenwinkel Size.

Ik had het vermoeden dat de ervaren verkopers Bob en mij niet mochten en het niet leuk vonden dat we zo goed verkochten op wat toch bekendstond als een slechte plek. Voor deze ene keer zei ik niets en accepteerde het. Kies je moment, James, zei ik tegen mezelf.

Dat bleek een goed advies.

14

Ziekjes

De herfst dat jaar was koud en nat. De bomen waren al snel hun bladeren kwijt door de koude wind en de zware regenval. Op een ochtend, toen Bob en ik naar de bushalte bij onze flat liepen, was de zon weer eens nergens te bekennen en miezerde het.

Bob was geen grote fan van regen, dus dacht ik dat het door het weer kwam dat hij lusteloos naast me sjokte. Het leek alsof hij poot voor poot bewoog, in slow motion.

Misschien vindt hij het niet leuk om vandaag mee te gaan. Of misschien is het waar wat ze over katten zeggen: dat die voelen wanneer het slecht weer wordt. Want toen ik omhoogkeek, zag ik dikke, grijze wolken als een groot buitenaards ruimteschip boven Noord-Londen hangen. Zo te zien zouden die daar de hele dag blijven hangen, dus zou het vast harder gaan regenen. Misschien had Bob gelijk en konden we beter teruggaan. Maar toen bedacht ik dat het bijna weekend was en dat we nog niet genoeg geld hadden om dat te overleven. Bedelaars hebben het niet voor het kiezen – ook niet als ze van alle aanklachten zijn vrijgesproken, grapte ik tegen mezelf.

Ik vond het nooit echt leuk om in Londen op straat te werken, maar vandaag leek het nog moeilijker te gaan dan anders.

Bob liep nog steeds met een slakkengangetje en we deden een paar minuten over honderd meter.

'Kom, jochie, klim maar aan boord,' zei ik, terwijl ik hem optilde en op zijn gebruikelijke plekje zette. Hij ging op mijn schouder liggen en we sjokten naar Tottenham High Road en de bus. Het regende inmiddels behoorlijk. Dikke, zware druppels plensden op de stoep. Bob leek oké terwijl we door de regen banjerden en zoveel mogelijk onder afdakjes liepen. Maar toen we in de bus zaten, merkte ik dat zijn lusteloosheid niet alleen aan het weer lag.

Het busritje was normaal gesproken een van zijn favoriete onderdelen van de dag. Bob was een nieuwsgierige kat. Hij vond de wereld een interessante plek. Hoe vaak we ook in de bus zaten, hij duwde altijd zijn neus tegen het raam. Maar vandaag hoefde hij niet eens bij het raampje te zitten – niet dat hij veel had kunnen zien door de beslagen ramen en regenvlagen aan de andere kant ervan. Nee, hij wilde op mijn schoot liggen. Hij zag er moe uit. Hij was hangerig en keek slaperig uit zijn ogen. Hij was overduidelijk niet zichzelf.

Toen we op Tottenham Court Road uitstapten, werd het erger. Gelukkig regende het minder en ik liep door achterafstraatjes naar Covent Garden. Het was niet makkelijk: ik moest grote plassen en enorme paraplu's ontwijken.

Vlak bij Neal Street merkte ik dat Bob raar deed op mijn schouder. In plaats van dat hij rustig lag, draaide en schommelde hij.

'Alles goed, jochie?' vroeg ik en ging langzamer lopen.

Ineens bewoog hij heftig en maakte rare kokgeluiden, alsof

hij moest overgeven of zijn keel wilde schrapen. Ik was bang dat hij van mijn schouder zou springen of vallen, dus zette ik hem op straat om te kijken wat er aan de hand was. Maar voordat ik hem op straat had kunnen zetten, gaf hij al over. Geen voedsel, alleen maar gal. Veel gal. Ik zag zijn lijfje stuiptrekken toen hij braakte en alles naar buiten werkte. Even vroeg ik me af of het door mij kwam, of hij misselijk was geworden van mijn loopbewegingen. Tot hij weer moest kokhalzen, zijn lijfje weer verkrampte en hij nog meer gal uitbraakte. Dit kwam niet door mij.

Vrij snel had hij niets meer om uit te spugen, wat raar was, want hij had gisteravond en vanochtend goed gegeten. Toen pas bedacht ik dat er meer aan de hand moest zijn. Hij was waarschijnlijk de hele dag al ziek geweest, al voor we weggingen. Misschien al voordat hij zijn behoefte tussen de beplanting had gedaan. En in de bus was hij natuurlijk ook al ziek geweest. Ik was kwaad op mezelf dat ik het niet eerder had gezien.

Het is gek hoe je in dat soort situaties reageert. Zeker weten dat ik hetzelfde reageerde als iedere ouder of huisdierenbaasje. Allerlei gekke, tegenstrijdige ideeën tolden door mijn hoofd. Had hij iets gegeten wat verkeerd was gevallen? Had hij in de buurt van de flat iets gegeten wat bedorven was? Of was het erger? Zou hij zo doodgaan? Ik kende verhalen over katten die gestorven waren nadat ze schoonmaakmiddelen hadden opgedronken of stukken plastic hadden opgegeten. Het beeld van een dode Bob schoot door mijn hoofd. Gelukkig kon ik me vermannen.

Kom op, James, hou je hoofd erbij. Het verkrampen en het feit dat hij geen vocht meer uitspuugde, betekenden dat hij uitdroogde. Als ik niets deed, konden zijn organen beschadigd raken. Hij moest wat eten en vooral veel drinken. Dus tilde ik hem op en liep met hem in mijn armen naar Covent Garden, naar een supermarkt. Ik had niet veel geld bij me. Net genoeg voor het zachte kattenvoer met kip dat hij zo lekker vond en wat flesjes mineraalwater. Ik durfde hem niet gewoon kraanwater te geven. Misschien werd hij dan nog zieker.

Ik droeg hem naar Covent Garden, zette hem naast onze normale plek op de grond, pakte zijn bakje en lepelde het kattenvoer erin.

'Alsjeblieft, jochie,' zei ik en gaf hem een aai toen ik het bakje voor zijn neus neerzette.

Normaal gesproken zou hij meteen zijn opgesprongen en in een mum van tijd alles naar binnen hebben geschrokt, maar vandaag niet. Hij stond langzaam op en keek naar het eten. Eindelijk besloot hij er wat van te eten. Maar hij at alleen maar de gelei. Niets van het vlees. Nog geen stukje. Bij mij gingen de alarmbellen weer rinkelen. Dit was niet de Bob die ik kende. Er was iets helemaal verkeerd.

Aarzelend ging ik de krant verkopen. We hadden nou eenmaal geld nodig voor de komende twee dagen. En helemaal als ik met Bob naar de dierenarts moest en hij medicijnen zou krijgen. Maar ik was er niet bij. Ik lette veel te veel op Bob om ook nog de aandacht van mensen te trekken. Hij lag passief en lusteloos naast me. Er waren dan ook niet veel mensen die me geld gaven. Binnen twee uur besloot ik te stoppen. Bob had niet meer overgegeven, maar was duidelijk niet in orde. Ik wilde hem naar huis brengen – naar de warme, droge flat.

Tot nu toe had ik natuurlijk geluk gehad met Bob. Vanaf het moment dat ik voor hem ging zorgen was hij blakend gezond geweest. Voor de volle honderd procent. In het begin had hij vlooien, maar dat is te verwachten bij een straatkat. Nadat ik hem daarvoor had behandeld en hem een wormenkuur had gegeven, had hij nooit meer iets gehad.

Af en toe ging ik met hem naar het Blue Cross-busje op Islington Green, waar hij was gechipt. De dierenartsen en dierenartsassistenten kenden hem goed en zeiden altijd dat hij goed gezond was. Dus dit was onbekend terrein voor me. Ik was doodsbang dat hij iets ergs had. Terwijl hij in de bus naar Tottenham op mijn schoot lag, schoten de ergste gedachten door mijn hoofd. Ik kon amper mijn tranen binnenhouden. Bob was het beste wat me in mijn leven was overkomen. Het was een afschuwelijk idee dat ik hem kon verliezen.

Zodra we thuis waren, liep Bob naar de radiator, rolde zich op tot een balletje en viel in slaap. Hij lag er uren. Zelf sliep ik niet veel, ik was veel te ongerust. Hij was zo van slag dat hij niet eens mee naar bed was gegaan en nog steeds bij de radiator in de voorkamer lag. Telkens weer sleepte ik mezelf uit bed om naar hem te gaan kijken. Ik sloop dan naar hem toe en luisterde naar zijn ademhaling. Eén keer was ik ervan overtuigd dat hij niet meer ademde en legde een hand op zijn middenrif om te voelen of dat bewoog. Ik was ontzettend opgelucht toen ik hem zacht hoorde spinnen.

We hadden zo weinig geld dat ik de volgende dag moest gaan werken. Dus had ik een probleem. Kon ik Bob alleen in de flat achterlaten? Of moest ik hem warm inpakken en meenemen, zodat ik hem in de gaten kon houden?

Gelukkig was het weer een stuk beter. Af en toe scheen zelfs de zon. Toen ik met mijn mueslibakje de keuken uitkwam, keek Bob naar me. Hij zag er iets beter uit dan gisteren. En toen ik hem wat eten gaf, knabbelde hij dat iets enthousiaster dan gisteren op.

Ik besloot hem mee te nemen. Het was het begin van de week, dus ik moest nog een paar dagen wachten voordat ik met hem naar het busje van het Blue Cross kon gaan. Daarom ging ik naar de bibliotheek om op een computer uit te zoeken wat Bob onder de leden kon hebben.

Ik was even vergeten wat een slecht idee het is om op medische websites te gaan zoeken. Daar staan alleen maar de slechtst mogelijke scenario's op.

Ik tikte een paar sleutelwoorden in en er verschenen een paar informatieve sites op het scherm. Toen ik op de belangrijkste symptomen klikte – lusteloosheid, overgeven, geen eetlust en nog een paar – verscheen er een waslijst van mogelijke ziektes.

Sommige waren niet zo erg. Het kon bijvoorbeeld door haarballen komen of door winderigheid. Maar toen las ik verder. Alleen al de letter A bood meer dan genoeg verschrikkelijke mogelijkheden. Onder meer Addison, ziekte van; acuut nierfalen en arsenicumvergiftiging. Verder stonden er nog kattenleukemie, colitis, diabetes, loodvergiftiging, salmonella en tonsillitis. De allerergste ziekte vond ik persoonlijk colorectale kanker.

Na een kwartiertje lezen was ik een wrak.

Ik besloot het over een andere boeg te gooien en de beste behandelingen tegen overgeven op te gaan zoeken. Dat werkte inderdaad veel positiever. De sites die ik bezocht, raadden veel water aan en rust en aandacht. Dus dat werd mijn plan voor de komende vierentwintig tot achtenveertig uur. Ik zou Bob constant in de gaten houden. Als hij weer ging spugen, zou ik meteen naar de dierenarts gaan. En anders zou ik donderdag naar het Blue Cross gaan.

De volgende dag besloot ik thuis te blijven tot diep in de middag, zodat Bob goed kon uitrusten. Hij sliep als een blok op zijn favoriete plekje. Ik hield hem in de gaten. Hij leek oké, dus besloot ik hem drie, hooguit vier, uur alleen te laten om kranten te verkopen. Ik had niet veel keus.

Nu ik alleen van Tottenham Court Road naar Covent Garden liep, merkte ik weer hoe onzichtbaar ik was. Bij Covent Garden vroeg iedereen: 'Waar is Bob?'

En als ik dan vertelde dat hij behoorlijk ziek was, leefden ze allemaal mee: 'Ik hoop dat hij snel weer beter is.' 'Is het ernstig?' 'Ben je al bij de dierenarts geweest?' 'Kan hij wel alleen thuis zijn?'

Toen pas dacht ik aan Rosemary, een dierenartsassistente. Haar vriend Steve werkte in een stripwinkel in de buurt van een van onze verkoopplekken. Bob en ik liepen daar soms even naar binnen en we waren vrienden geworden. Op een dag was Rosemary er ook en toen hadden we over Bob gepraat.

Ik besloot daar even langs te gaan om te kijken of een van beiden er was. Gelukkig was Steve er en hij gaf me het telefoonnummer van Rosemary.

'Ze vindt het echt niet erg als je belt,' zei hij. 'Zeker niet als het om Bob gaat. Ze is gek op Bob.'

Toen ik haar aan de lijn had, stelde ze heel veel vragen.

'Wat eet hij? Eet hij wel eens iets anders als hij buiten is?'

'Nou, hij scharrelt bij de vuilnisbakken rond.'

Dat was een gewoonte die ik hem niet had kunnen afleren. Hij was daar heel fanatiek in. In mijn keuken scheurde hij de vuilniszakken open, dus die zette ik maar buiten bij de voordeur neer. Hij was een straatkat. Je kunt een kat van straat halen, maar de straat niet uit de kat.

Ik hoorde een verandering in haar stem, alsof er ineens een lichtje ging branden, toen ze zei: 'Mmm. Dat kan de reden zijn.'

Ze noemde probiotica, antibiotica en een drankje om zijn maag te kalmeren.

'Wat is je adres? Dan breng ik het straks op de fiets naar je.'

Ik schrok.

'O, maar ik denk dat ik dat niet kan betalen, Rosemary.'

'Dat geeft niet. Het kost je niets. Ik zet het gewoon op een bestelling bij jou in de buurt erbij. Vanavond, oké?'

'Prima.'

Ik was een beetje ontroerd. De afgelopen jaren had ik weinig of geen spontane hulp gekregen. Onverwachte beledigingen, ja; vriendelijkheid, nee. Dat was een van de grootste veranderingen sinds Bob bij me was. Dankzij hem herontdekte ik de goede kanten van de mens. Langzamerhand durfde ik weer mensen te vertrouwen.

Rosemary zou doen wat ze had beloofd. Dat wist ik. Die avond kwam de fietskoerier al vroeg en kon ik de eerste doses medicijnen aan Bob geven.

Hij vond het probioticum vies. Hij draaide zijn kop weg en deinsde achteruit toen ik hem een lepeltje ervan wilde geven.

'Vette pech, jochie. Als jij je kop niet in vuilnisbakken had gestoken, had je dit niet hoeven innemen.'

De medicijnen hadden bijna meteen effect. Die nacht sliep hij goed en hij was de volgende ochtend een stuk beter. Maar ik moest zijn kop vasthouden om ervoor te zorgen dat hij het probioticum doorslikte.

Donderdags was hij zo goed als beter, maar ik wilde voor de zekerheid toch even langs het busje van het Blue Cross op Islington Green.

De assistente herkende Bob meteen en keek zorgelijk toen ik vertelde dat hij ziek was geweest.

'Dan zullen we hem eens even goed nakijken.'

Ze controleerde zijn gewicht en vacht en keek in zijn mond. 'Het ziet er goed uit. Volgens mij knapt hij goed op.'

We praatten nog even en daarna ging ik weg.

'Denk erom: niet meer in vuilnisbakken snaaien, Bob,' zei ze, toen we uit het busje stapten.

Ik was erg van slag toen Bob ziek was. Hij leek een kerngezonde kat. Ik had nooit verwacht dat hij ziek kon worden. Ik was echt geschrokken toen bleek dat hij een sterfelijk wezen was.

Het versterkte het gevoel dat al een tijdje in me sudderde: het werd tijd dat ik helemaal clean werd.

Ik was mijn leven een beetje beu. Ik was het zat om om de veertien dagen naar de verslaafdenopvang te gaan en iedere dag naar de apotheek. Ik werd doodmoe van het idee dat ik ieder moment in mijn verslaving terug kon vallen.

Dus toen ik weer bij mijn counsellor was, vertelde ik hem dat ik met de methadon wilde stoppen en de laatste stap wilde zetten naar volledig clean-zijn. Daar hadden we het al eerder over gehad, maar ik dacht toen dat hij me niet helemaal serieus nam. Nu merkte hij dat ik het meende.

'Dat gaat niet makkelijk worden, James.'

'Ja. Weet ik.'

'Je zult Subutex moeten gebruiken. Een medicijn. We kunnen heel langzaam de dosis daarvan gaan verlagen tot je niets meer gebruikt.'

'Oké.'

'De overgang kan heel moeilijk zijn. Je kunt ernstige ontwenningsverschijnselen krijgen,' zei hij en leunde voorover.

'Dat is mijn probleem. Ik wil het doen. Voor mezelf en voor Bob.'

'Oké. Dan ga ik dat doorgeven en dan kunnen we over een paar weken beginnen.'

Voor het eerst in jaren had ik het idee dat ik een zwak lichtje aan het eind van een heel lange, donkere tunnel zag schijnen.

15

De zwarte lijst

Op een koude, mistige maandagochtend voelde ik meteen dat er iets aan de hand was, toen ik bij de coördinatorplek op Covent Garden aankwam. Een paar andere verkopers dronken thee uit plastic bekertjes en stampten met hun voeten om warm te blijven. Zodra ze Bob en mij zagen, begonnen er een paar te fluisteren en keken me boos aan, alsof ik een onwelkome gast was.

Toen Sam, de coördinator, vanaf de andere kant van het distributiekarretje aan kwam lopen met een nieuwe stapel kranten, wees ze meteen naar me.

'James, ik wil je even spreken,' zei ze streng.

'Tuurlijk. Wat is het probleem?' Met Bob op mijn schouder liep ik naar haar toe.

Ze wenste hem altijd goedemorgen en gaf hem een aai, maar vandaag niet.

'Ik heb een klacht gehad. Nee, ik heb meerdere klachten gehad.'

'Waarover?'

'Sommige verkopers zeggen dat je rondzwerft. Mensen hebben gezien dat je dat vaker doet op Covent Garden. En je weet dat dat tegen de regels is.'

'Dat doe ik niet,' zei ik. Maar ze stak haar hand afwerend omhoog.

'Ik ga het er niet met je over hebben. Je moet naar kantoor voor een gesprek.'

Ik nam aan dat dit het was en liep naar de stapel kranten die net was bezorgd.

'Sorry, nee. Je mag geen kranten meer kopen tot je op Vauxhall bent geweest en dit is uitgepraat.'

'Wat? Krijg ik vandaag geen kranten? Hoe moet ik dan voor Bob en mij geld verdienen?'

'Sorry, maar je bent geschorst tot je dit met het hoofdkantoor hebt doorgesproken.'

Ik was boos, maar niet verrast. Iets dergelijks zat er aan te komen.

Een van de vele regels voor de *Big Issue*-verkoper is dat je je kranten alleen verkoopt op de jou aangewezen plek. Je mag niet op de plek van iemand anders verkopen. En je mag ook niet 'rondzwerven', ofwel kranten verkopen terwijl je op straat loopt. Ik stond voor honderd procent achter die regel. Ik zou het zelf ook niet leuk vinden als iemand in de buurt van mijn plek met *Big Issues* liep te zwaaien. Het was een eerlijke en eenvoudige manier om het verkopersleger in Londen in toom te houden.

Maar de afgelopen twee maanden waren er verkopers naar me toe gekomen en hadden geklaagd dat ik 'rondzwierf'. Ze hadden gezien dat ik kranten verkocht, terwijl ik met Bob over straat liep. Het was niet waar, maar ik snapte wel waarom ze het dachten.

Als ik met Bob over straat liep, werden we vaak aangesproken. Overal in Londen werden we om de paar meter aangehouden door mensen die Bob wilden aaien of een foto van hem wilden maken. En sommige mensen wilden dan tegelijkertijd een *Big Issue* kopen.

Ik legde de verkopers uit dat me dat in een lastig parket bracht. Officieel zou ik moeten zeggen: 'Sorry, dan moeten jullie meelopen naar mijn plek of er een kopen bij een andere verkoper.' Maar ik wist wat er dan zou gebeuren: ze zouden helemaal geen krant kopen en daar had niemand wat aan.

Een paar verkopers begrepen het, maar een paar andere niet.

Ik wist meteen wie me had aangegeven.

Ongeveer een maand voordat Sam me de schorsing oplegde, liep ik op Long Acre langs de Body Shop, waar Geoff zijn *Big Issue*-plek had. Gordon Roddick, wiens vrouw Anita de Body Shop-keten had opgericht, had nauwe banden met de *Big Issue*, dus stonden er altijd verkopers buiten hun winkels. Ik kende Geoff vaag en groette hem terwijl ik langsliep. Even later hield een ouder Amerikaans echtpaar Bob en mij aan op straat.

Ze waren ontzettend aardig, echt het klassieke, stereotype echtpaar uit het Midden-Westen.

'Sorry, meneer,' begon de man, 'mag ik een foto maken van u en uw kat? Onze dochter is gek op katten en ze zou het geweldig vinden om een foto van jullie te hebben.'

Ik vond het prima. Niemand had me in jaren 'meneer' genoemd – eigenlijk nog nooit!

Ik was zo vaak door toeristen op de foto gezet dat ik een paar vaste poses had waar Bob goed op uitkwam. Een ervan was dat ik hem op mijn rechterschouder zette en hem draaide tot zijn kop pal naast mijn gezicht was en hij recht naar voren keek. Dat deed ik nu weer.

Het Amerikaanse echtpaar vond het prachtig. 'O, wauw,

hartstikke bedankt. Ze zal het prachtig vinden,' zei de vrouw.

Ze bleven me bedanken en wilden een krant van me kopen. Ik zei nee en wees naar Geoff, die een paar meter verderop stond.

'Hij is de officiële *Big Issue*-verkoper in dit gebied, u kunt er bij hem een kopen.'

Dat wilden ze niet en ze liepen verder. Maar vlak daarvoor duwde de vrouw een biljet van vijf pond in mijn hand.

'Alsjeblieft,' zei ze. 'Koop er iets lekkers van voor jou en je prachtige kat.'

Het was zo'n klassieke situatie waarin waarneming en realiteit recht tegenover elkaar staan. Iedereen die erbij was geweest, had kunnen zien dat ik niet om geld had gevraagd en ze had doorverwezen naar Geoff. Maar Geoff had gezien dat ik niet alleen geld had aangepakt zonder ze een krant te geven – iets wat verboden was – maar de overtreding nog erger had gemaakt door ze niet naar hem door te verwijzen.

Ik begreep onmiddellijk dat Geoff het verkeerd zou interpreteren, dus ging ik meteen naar hem toe om het uit te leggen. Maar het was al te laat. Hij begon me vrijwel direct uit te schelden. Ik wist dat Geoff een opvliegend karakter en losse handjes had en besloot geen risico's te nemen. Hij was zo kwaad dat ik niet eens meer probeerde met hem te praten en vertrok.

Al snel werd duidelijk dat dit akkefietje grote onrust bracht onder de *Big Issue*-verkopers. Er ontstond een soort lastercampagne.

Het begon met hatelijke opmerkingen.

'Lekker aan het rondzwerven?' vroeg een verkoper me sarcastisch toen ik langs zijn plek liep. En dan was hij nog redelijk beschaafd.

Een andere verkoper, op St Martin's Lane, was veel directer.

'Wie gaan jij en je schurfterige scharminkel vandaag bestelen?' snauwde hij tegen me.

Weer probeerde ik de situatie uit te leggen, maar ik had net zo goed tegen een muur kunnen praten. Het was duidelijk dat de verkopers onderling roddelden, één en één bij elkaar optelden en drie als uitkomst hadden.

Pal na het akkefietje met Geoff werd ik bedreigd door dronken verkopers. *Big Issue*-verkopers mogen niet drinken tijdens hun werk. Dat is een van de belangrijkste regels. Maar veel verkopers zijn alcoholisten en hebben een blikje bier in hun jaszak zitten. Anderen hebben een flesje met iets sterkers bij zich en nemen af en toe een slok. En ik moet bekennen dat ikzelf ook een keer een slokje heb genomen: op een ontzettend koude dag. Maar deze kerels waren anders. Ze waren stomdronken.

Op een dag liepen Bob en ik over het plein toen een van hen naar ons toe zwalkte met maaiende armen en lispelde: 'Verdomde klootzak, we krijgen je nog wel.'

Ik had graag gezegd dat dit maar één keer was gebeurd, maar het gebeurde zo ongeveer wekelijks.

Het laatste bewijs voor hoe slecht het ging, kwam op een middag toen ik bij de coördinatorplek in Covent Garden was. Sams collega Steve draaide haar middagdienst.

Hij deed altijd aardig tegen Bob. Ik geloof niet dat Steve mij mocht, maar hij zei altijd iets aardigs tegen Bob. Die middag deed hij echter tegen ons allebei ronduit onaardig.

Ik zat rustig op een bankje toen Steve naar me toe kwam. 'Als het aan mij lag, zou je niet mogen verkopen,' zei hij venijnig. 'Je bent gewoon een bedelaar. Jij en je kat. Jullie allebei.'

Daar schrok ik van. Ik was van zo ver gekomen. Ik deed zo mijn best om bij de *Big Issue*-familie op Covent Garden te horen. Weer legde ik uit wat er was gebeurd met Bob, maar ik had het net zo goed niet kunnen doen. Het ging zijn ene oor in en zijn andere oor uit.

Daarom was ik niet echt verrast toen Sam zei dat ik naar het hoofdkantoor moest. Maar leuk vond ik het niet.

Verward liep ik Covent Garden uit. Ik wist echt niet wat ik moest doen nu ik op de 'zwarte lijst' stond.

Die avond aten Bob en ik wat en gingen vroeg naar bed. Het was koud en gezien onze slechte financiële situatie wilde ik niet te veel elektriciteit verbruiken. Bob rolde zich op aan mijn voeteneind terwijl ik onder de dekens kroop en wanhopig probeerde te bedenken wat ik moest doen.

Ik had geen idee wat de schorsing inhield. Betekende dit dat ik voor altijd verbannen werd? Of kreeg ik alleen een waarschuwing? Ik wist het niet.

Terwijl ik daar lag, schoten de herinneringen aan ons muziek spelen en het oneerlijke einde daarvan door mijn hoofd. Ik vond het verschrikkelijk dat er voor de tweede keer door leugens van anderen een einde zou komen aan mijn kostwinning.

En deze keer vond ik het nog veel oneerlijker. Ik was tot nu toe totaal niet in moeilijkheden gekomen, in tegenstelling tot veel andere *Big Issue*-verkopers op Covent Garden, die vaak de regels overtraden en door Sam en de andere coördinatoren werden weggestuurd.

Ik kende een vent die bij iedereen berucht was. Hij was een enorme, chagrijnige gozer met een plat accent, een intimiderende bruut. Hij gromde echt heel dreigend naar mensen. Vooral vrouwen waren bang voor hem. Hij liep naar ze toe en zei: 'Kom op, schatje, koop 's een krantje.' Maar hij zei het dreigend, alsof hij bedoelde: 'Koop er een, of anders...'

Ook rolde hij kranten op en stopte die in de tassen van mensen die langs liepen. Ik had gehoord dat hij ze daarna tegenhield en zei: 'Dat is dan twee pond, graag.' En hij liep net zo lang achter ze aan tot ze betaalden. Maar daar heeft niemand wat aan; meestal gooiden zijn slachtoffers de krant in de dichtstbijzijnde prullenbak. Zelfs het geld kwam niet goed terecht. Want deze bruut was kennelijk gokverslaafd en andere verkopers zeiden dat hij het geld direct in de fruitmachines stopte.

Hij had inmiddels zo ontzettend veel regels overtreden, dat het bijna absurd was dat hij – voor zover ik wist, tenminste – nog nooit gestraft was.

Mijn veronderstelde overtredingen vielen daarbij in het niet. En los daarvan was het de eerste keer dat ik van iets werd beschuldigd. Dat werkte toch in mijn voordeel? Je werd toch niet al bij de eerste misstap afgestraft? Ik wist het niet. En daarom raakte ik in paniek.

Hoe meer ik erover nadacht, hoe onzekerder en hulpelozer ik me voelde. Toch wist ik dat ik iets moest doen. Dus besloot ik de volgende ochtend om gewoon, net als altijd, op pad te gaan, maar deze keer naar een andere coördinator in een ander deel van Londen. Het was een gok, maar het was het proberen waard.

Iedere *Big Issue*-verkoper weet dat er door heel Londen coördinatoren werken, de meeste staan op Oxford Street, King's Cross en Liverpool Street. Het is handig het hele netwerk te kennen. Ik wilde mijn geluk op Oxford Street uitproberen, waar ik in het verleden een paar mensen had leren kennen.

Ik was er 's ochtends rond koffietijd en probeerde niet op te vallen. Ik liet snel mijn pasje zien en kocht twintig kranten. De man daar was druk bezig met andere dingen en besteedde amper aandacht aan me. En natuurlijk zorgde ik ervoor snel weg te zijn. Ik liep naar een plek waar niemand anders stond en nam mijn kans waar.

Ik had medelijden met Bob. Hij was zenuwachtig en in de war. Heel begrijpelijk. Hij hield van vastigheid, van stabiliteit en voorspelbaarheid. Hij vond het niet prettig dat er weer onrust in zijn leven was. Eerlijk gezegd, ik ook niet. Hij vroeg zich vast af waarom onze normale routine ineens verdwenen was.

Die dag verkocht ik een aardig aantal kranten – en de volgende dag ook. Ik veranderde regelmatig van plek, omdat ik vermoedde dat het *Big Issue*-buitenteam me zocht. Dat was onlogisch en vergezocht, ik weet het, maar ik was paranoïde en doodsbang dat ik mijn baan zou verliezen.

Ik had visioenen dat ik voor een commissie werd gesleept en dat mijn pasje werd ingenomen en dat ik eruit werd gegooid.

'Waarom hebben wij dat weer?' vroeg ik een keer aan Bob, toen we 's avonds naar huis gingen. 'We hebben niets verkeerds gedaan. Waarom laten ze ons niet met rust?' Ik legde me erbij neer dat we de weken erna iedere keer op andere plekken in Londen zouden staan, in de hoop dat de coördinatoren niet wisten dat ik een persona non grata was.

Op een zaterdagmiddag, toen ik onder een oude paraplu in de buurt van Victoria Station zat, bekende ik mezelf eindelijk dat ik een fout had gemaakt. Nou ja, eigenlijk had Bob me dat duidelijk gemaakt.

De regen kwam al vier uur lang met bakken uit de hemel en

praktisch niemand was blijven staan om een krant te kopen. Ik kon het ze niet kwalijk nemen. Niemand wil langer dan noodzakelijk in zo'n zondvloed lopen.

We waren al vroeg begonnen, maar de enigen die interesse hadden voor Bob en mij waren de bewakingsmensen van de gebouwen waar we hadden willen schuilen.

'Sorry, makker, je kunt hier niet blijven,' zeiden ze allemaal tegen me.

Ik had een paraplu uit een prullenbak gehaald en wilde daarmee een laatste poging wagen de dag wat minder rampzalig af te sluiten. Dat lukte niet.

Het was me nu een maand lang gelukt om bij verschillende coördinatoren in heel Londen kranten te kopen. Ik was heel voorzichtig naar wie ik toe ging en als het mogelijk was liet ik andere verkopers kranten voor me kopen. Veel mensen wisten wie ik was, maar er waren er nog altijd meer dan genoeg die niet wisten dat ik op de zwarte lijst stond, en die tien of twintig kranten voor me wilden kopen. Ik wilde die mensen niet in moeilijkheden brengen, maar als ze niet wisten dat ik op de zwarte lijst stond, kon niemand ze wat maken. Dat was goed en na alles wat ik de afgelopen maanden had meegemaakt, wilde ik alleen geld verdienen voor eten en onderdak en om voor Bob en mezelf te kunnen zorgen.

Maar het ging niet echt goed. Een goede plek vinden was echt een probleem, grotendeels omdat de plekken waar ik wilde staan al vergeven waren. Bob en ik waren al van heel wat straathoeken bij Oxford Street, Paddington, King's Cross, Euston en andere metrostations weggestuurd. Eén keer kreeg ik, nadat een agent me drie keer gesommeerd had weg te gaan, de officiële waarschuwing dat ik de volgende keer gearresteerd zou worden. Daar had ik geen zin meer in.

Het was echt een onmogelijke situatie. Ik zorgde ervoor bij de meest in het oog lopende plekken uit de buurt te blijven en een stekkie te vinden dat minder opvallend was. Maar daardoor was het moeilijk om kranten te verkopen, zelfs met Bob erbij. De *Big Issue* had niet voor niets locaties uitgezocht. Ze wisten precies waar de kranten het best zouden verkopen – en waar niet. En die laatste plekken waren de plaatsen waar ik stond.

Mensen vonden Bob nog steeds leuk, maar de plekken waren gewoon niet goed. Dat voelde ik natuurlijk in mijn portemonnee en daarom was de zakelijke kant van de *Big Issue*-verkoop veel moeilijker geworden. Vanavond was wat dat betreft een dieptepunt. Ik had nog zo'n vijftien kranten, wist dat ik die niet allemaal zou verkopen en maandag zou de nieuwe editie uitkomen. Ik had dus een probleem.

Terwijl het begon te schemeren en het bleef regenen, zei ik tegen mezelf dat ik echt een paar andere plekken moest proberen om die kranten te verkopen. Maar ik had niet aan Bob gedacht.

Tot dat moment was hij goud waard, had altijd een onverwoestbaar humeur, zelfs op de meest grimmige dagen. Ook als hij werd nat gespat door passerende auto's die door plassen reden. En ik wist hoe erg hij het vond om in de kou nat te worden. Maar toen ik op de eerste straathoek die we tegenkwamen met hem wilde gaan zitten, weigerde hij te stoppen. Het gebeurde eigenlijk nooit dat hij als een jonge hond aan zijn riem trok, maar dat was precies wat hij nu deed.

'Oké, Bob, ik heb het begrepen. Jij wilt hier niet zitten,' zei ik en dacht dat hij de locatie niet goed vond. Maar toen hij hetzelfde deed bij de volgende plek en toen weer bij de daarna volgende plek, viel eindelijk bij mij het kwartje.

'Ah, je wilt naar huis, hè Bob?'

Hij trok nog steeds aan de riem, maar toen hij dit hoorde, ging hij langzamer lopen en draaide bijna onmerkbaar zijn kop mijn kant op om me met – zo leek het – een opgetrokken wenkbrauw aan te kijken. Gevolgd door de blik die zei dat hij opgetild wilde worden.

Op dat moment nam ik een besluit. Tot nu toe was Bob mijn rots in de branding die trouw aan mijn zijde bleef, ondanks het feit dat de zaken slecht gingen, waardoor er minder eten in zijn bakje zat. Het was een extra bevestiging van zijn trouw. Nu moest ik voor hem een rots zijn en de zaken goed regelen met het management van de *Big Issue*.

Ik wist dat het moest gebeuren. De *Big Issue* was een enorme stap in de goede richting voor me. Het beste wat me sinds tijden was overkomen, sinds Bob dan. Ik moest het gaan uitpraten. Ik mocht niet langer om mijn verantwoordelijkheden heen lopen. Zowel voor Bob als voor mezelf. Ik mocht hem dit niet langer aandoen.

Dus nam ik de maandag erna een uitgebreide douche, trok een keurig shirt aan en vertrok naar Vauxhall. Ik nam Bob mee, dat zou makkelijker praten.

Ik wist echt niet wat ik moest verwachten, toen ik er eenmaal was. In het ergste geval zou ik mijn pasje moeten inleveren en mocht ik de krant niet meer verkopen. Dat zou ontzettend oneerlijk zijn, maar ik wist dat ze me een straf moesten geven als ze vonden dat ik rondzwierf. Ik kon alleen maar hopen dat ik ze ervan kon overtuigen dat ik dat niet had gedaan.

Aan de balie vertelde ik wat we kwamen doen. Ik moest wachten.

We zaten zo'n twintig minuten voordat we werden gehaald. Een jongeman en een wat oudere vrouw gingen ons voor naar een kantoortje en zeiden dat ik de deur achter me dicht moest doen. Ik bereidde me op het ergste voor.

Ze waren boos en beschuldigden me ervan meerdere hoofdregels te hebben overtreden.

'We hebben klachten gehad dat je hebt gezworven en gebedeld.'

Ik wist wie er had geklaagd, maar zei niets. Het mocht geen persoonlijke kruistocht worden. Van *Big Issue*-verkopers werd verwacht dat ze met elkaar konden opschieten, en als ik andere verkopers ging bekritiseren, zou dat me geen goed doen. Dus probeerde ik ze duidelijk te maken dat het bijna onmogelijk was om met Bob door Covent Garden te lopen zonder dat me geld werd gegeven voor een krant.

Ik noemde een paar voorbeelden, onder meer van een paar mannen voor een kroeg die eerst Bob bewonderden en me vervolgens vijf pond gaven voor drie kranten. Er stond een interview met een actrice in dat ze allemaal wilden lezen.

'Dat soort dingen gebeurt constant. En als iemand me aanhoudt om een krant te kopen, vind ik het heel onbeleefd om dat weigeren.'

Ze luisterden welwillend en knikten een paar keer begripvol.

'We snappen dat Bob de aandacht trekt. We hebben verkopers gesproken die hem een echte publiekstrekker noemden,' vertelde de jongeman op sympathieke toon.

Maar toen ik mijn verhaal had verteld, leunde hij naar voren en vertelde me het slechte nieuws. 'Tja, we zijn toch van mening dat je een mondelinge waarschuwing moet krijgen.'

'O. Oké. Wat houdt dat precies in?' vroeg ik.

Hij legde uit dat ik kranten mocht blijven verkopen, maar dat dat zou veranderen als ik weer werd beschuldigd van rondzwerven.

Achteraf gezien voelde ik me een beetje belachelijk. Een mondelinge waarschuwing hield niet zo heel veel in. Ik was gewoon in paniek geraakt en had meteen de allerergste conclusie getrokken. Ik had absoluut niet begrepen wat er ging gebeuren. Ik was doodsbang dat ik mijn baan zou verliezen. Mijn idee dat ik voor een comité zou worden gesleept en dat mijn pasje zou worden afgepakt, kwam geheel uit mijn fantasie voort. Zo ernstig was het helemaal niet.

Ik ging terug naar Covent Garden, naar Sam, en voelde me een beetje stom over wat er allemaal was gebeurd.

Toen ze Bob en mij zag, glimlachte ze begrijpend. 'Ik wist niet wanneer we jullie twee weer zouden zien. Eindelijk naar kantoor geweest om het te regelen?'

Ik vertelde wat er was gebeurd. En toen gaf ik haar het papiertje dat ik aan het eind van het gesprek had gekregen.

'Dit lijkt een beetje op een proeftijd. Jullie mogen een paar weken alleen na 16.30 uur en op zondagen werken. Daarna kunnen jullie weer normale diensten draaien. Zorg ervoor dat jullie op het rechte pad blijven. Als iemand bij Bob en jou een krant wil kopen, zeg dan dat jullie er geen meer hebben, of zeg, als het duidelijk is dat jullie ze wel hebben, dat ze voor vaste klanten zijn. Doe het niet.'

Dat was natuurlijk een goed advies. Het probleem was alleen dat andere mensen er zich misschien mee wilden bemoeien. En dat bleek zo te zijn.

Op een zondagmiddag gingen Bob en ik naar Covent Garden om een paar uur te werken. Gezien de ons toegestane beperkte werktijden, moesten we iedere kans aangrijpen.

We zaten vlak bij de coördinatorplek op James Street, toen ik plotseling een grote, dreigende gestalte zag. Dat was Stan.

Stan was zeer bekend in *Big Issue*-kringen. Hij had een paar jaar bij het bedrijf gewerkt. Het probleem was dat hij zo onvoorspelbaar was. Als hij goed in zijn vel zat, was hij een alleraardigste vent, die alles voor je wilde doen en ook deed.

Hij had me regelmatig geholpen en had me wel eens een paar gratis kranten gegeven.

Maar als Stan een slechte bui had, of dronken was, dan was hij de allerergste, vervelendste, ruziezoekende en agressieve klootzak ter wereld. Ik zag bijna meteen dat de laatste Stan voor mijn neus stond.

Stan was groot, ruim twee meter. Hij boog zich naar me toe en brabbelde: 'Jij hoort hier helemaal niet te staan. Dit is verboden gebied voor jou.'

Ik rook zijn adem. Hij stonk als een distilleerderij.

Ik moest op mijn strepen blijven staan.

'Nee. Sam zei dat ik hier op zondagen en na 16.30 uur mocht staan.'

Gelukkig was Peter er, die veel met Sam samenwerkte. Tot grote ergernis van Stan steunde hij me. Even leek hij uit het veld geslagen, maar toen schoot zijn hoofd weer naar voren. De whiskydampen dreven naar me toe. Deze keer keek hij boos naar Bob.

'Als het aan mij lag, wurgde ik die kat nu, op dit moment,' vertelde hij.

Ik was razend. Als hij ook maar íéts bij Bob zou proberen, dan zou ik hem aanvallen. Ik zou Bob verdedigd hebben als een moeder haar kind. Bob was mijn baby. Maar vanuit het gezichtspunt van de *Big Issue* zou dat desastreus zijn. Dat zou mijn einde daar betekenen.

Dus nam ik op dat moment twee besluiten. Ik tilde Bob op en vertrok naar een andere plek. Ik was niet van plan bij Stan in de buurt te blijven als die een slechte bui had. En ik besloot niet in Covent Garden te blijven werken. Dat zou te pijnlijk zijn. Bob en ik hadden een trouwe klantenkring opgebouwd en het was een leuk gebied om in te werken. Maar het was een vervelende en zelfs gevaarlijke werkplek voor ons geworden. Bob en ik moesten verkassen naar een minder lucratieve buurt in Londen, ergens waar ik minder snel herkend werd. Er was één zeer voor de hand liggende plek.

Vroeger, voor ik naar Covent Garden ging, speelde ik in de buurt van het metrostation Angel in Islington. Het was een goede locatie. Niet zo goed als Covent Garden, maar wel goed. Dus ging ik de volgende dag naar Lee, de coördinator daar. Ik kende hem oppervlakkig.

'Hoe groot is mijn kans op een goede plek hier?' vroeg ik hem.

'Nou, Camden Passage is al aardig voorzien, net als de Green. Maar als je wilt, kun je bij het metrostation staan. Die plek is veel minder gewild.'

Ik kreeg een déjà vu. Het was precies als in Covent Garden. De meeste *Big Issue*-verkopers in Londen vonden metrostations een nachtmerrie, de ergste plekken om kranten te verkopen. De theorie was dat de mensen domweg veel te snel lopen, ze hebben geen tijd om stil te staan en geld uit hun broek- of jaszak te halen. Ze moeten ergens naartoe en hebben altijd haast.

Maar in Covent Garden had ik ontdekt dat Bob de magische gave had om ze te laten stilstaan. Als mensen hem zagen, hadden ze ineens niet meer zoveel haast. Alsof hij ze wat troost gaf, een beetje warmte en vriendelijkheid in hun gehaaste, onpersoonlijke levens. Volgens mij kochten veel mensen een *Big Issue* als dank voor dat gevoel. Dus ik was heel blij met die 'moeilijke' plek bij het metrostation Angel.

We begonnen er diezelfde week nog.

Bijna direct stonden mensen stil om Bob te begroeten. Het ging precies hetzelfde als op Covent Garden.

Een paar mensen herkenden ons.

Op een avond vroeg een vrouw in een duur mantelpakje: ‘Stonden jullie niet in Covent Garden?’

‘Niet meer, mevrouw,’ zei ik met een brede glimlach. ‘Vanaf nu niet meer.’

16

Angel Hearts

Het verkassen naar Angel had de volledige instemming van Bob. Ik zag het aan zijn manier van lopen, als we naar ons werk gingen.

Als we op Islington Green uit de bus stapten, vroeg hij nooit om opgetild te worden en hoefde hij niet op mijn schouder te zitten, zoals toen we naar het centrum van Londen liepen. Nee, hij trippelde doelbewust voor me uit langs Camden Passage, langs antiekwinkels, cafés, kroegen en restaurants naar het eind van de Islington High Street en het gebied rondom het metrostation.

Soms gingen we naar de *Big Issue*-coördinator aan de noordkant van de Green, dus dan liepen we anders. Die keren liep hij rechtstreeks naar het groene hart van de Green. Ik wachtte dan geduldig terwijl hij tussen de beplanting scharrelde, op zoek naar knaagdiertjes, vogels of andere onschuldige wezentjes waar hij zijn jachtinstinct op losliet. Tot nu toe had hij niets gevangen, maar dat verminderde niet zijn enthousiasme om zijn kop in iedere struik te steken.

Als we eindelijk bij zijn favoriete plekje waren, tegenover het bloemenstalletje en de krantenkiosk vlak bij metrostation Angel, stond hij stil en keek hoe ik mijn spullen klaarzette: ik plantte mijn tas op de stoep en zette daar een exemplaar van de *Big Issue* tegenaan. Als dat was gebeurd, ging hij zitten, likte zichzelf schoon na de reis en bereidde zich voor op de werkdag.

Ik was even enthousiast over onze nieuwe stek. Na alle moeilijkheden op Covent Garden was Islington een nieuwe start voor ons. Het voelde alsof we opnieuw begonnen en dat het deze keer helemaal ging lukken.

De Angel was in veel opzichten anders dan Covent Garden en de straten van West End. In de Londense binnenstad waren de straten vol toeristen, ook 's avonds, als feestgangers en theaterliefhebbers naar West End liepen. Hoewel het bij de Angel veel minder druk was, liepen er dagelijks toch veel mensen in en uit het metrostation.

Maar het was een heel ander type mensen. Natuurlijk waren er veel toeristen, van wie er veel naar de restaurants en kunstlocaties als Sadler's Wells en het Islington Business Design Centre gingen.

Maar het was ook een veel zakelijker en, bij gebrek aan een betere term, 'op stand'-plek. Iedere avond liepen er massa's mensen in nette kleding het metrostation in en uit. Het slechte nieuws was dat de meesten amper doorhadden dat er een rode kat voor het station zat. Het goede nieuws was dat de meeste mensen die Bob wel zagen, even stilstonden om hem glimlachend aan te kijken. Die mensen waren ook heel gul. Ik merkte al snel dat de gemiddelde koop en fooi op Islington net iets groter en hoger was dan op Covent Garden.

Ook waren de mensen op een andere manier gul dan de mensen op Covent Garden. Bijna vanaf het begin van onze *Big Issue*-verkoop kreeg Bob van alles toegestopt.

De eerste keer was op onze tweede of derde dag. Een keurig geklede vrouw stopte om een praatje te maken. Ze vroeg of we er iedere dag zouden staan, wat me achterdochtig maakte. Wilde ze soms gaan klagen? Ik had het helemaal mis. De volgende dag had ze een tasje van Sainsbury bij zich met daarin wat kattenmelk en een blikje Sheba.

'Alsjeblieft, Bob,' zei ze vrolijk en zette de spullen voor hem op de stoep.

'Is het goed als ik hem dat vanavond thuis geef?' vroeg ik nadat ik haar had bedankt.

'Natuurlijk. Als hij het maar lekker vindt.'

Vanaf dat moment kreeg Bob van de vaste voorbijgangers steeds meer lekkere hapjes toegestopt.

Onze plek lag niet al te ver van een grote supermarkt. Veel mensen deden daar hun boodschappen en namen dan meteen wat lekkers voor Bob mee. Op weg naar huis gaven ze dat dan aan Bob.

Al na een paar weken op Angel deden een stuk of zes mensen dat. Aan het eind van de dag pasten de pakjes kattenmelk en kattenvoer, blikjes tonijn en andere vis niet meer in mijn rugzak. Ik stopte alles in een grote tas. Zodra we thuis waren, kon ik er een hele plank in de keukenkast mee vullen en hoefde ik bijna een week geen kattenvoer te kopen.

Ook het metropersoneel was anders dan op Covent Garden. Op Covent Garden was ik de antichrist, een verwerpelijk persoon. Op de vingers van één hand was het aantal mensen te tellen met wie ik door de jaren heen vriendschap had gesloten toen ik daar speelde en de *Big Issue* verkocht. In feite was dat niet eens nodig. Ik kon er maar twee bedenken.

Maar het personeel van de Angel deed vanaf het begin af aan vriendelijk tegen Bob. Zoals die dag dat het ontzettend warm was. Vast boven de dertig graden. Iedereen liep zonder jas, hoewel het eigenlijk al herfst was. Ik zweette als een otter in mijn zwarte spijkerbroek en zwarte T-shirt.

Ik had Bob in de schaduw van het gebouw achter ons gezet, zodat hij minder last van de hitte zou hebben. Hitte is slecht voor katten. Toch werd na ongeveer een uurtje duidelijk dat ik water voor Bob moest regelen. Maar voor ik dat kon doen, kwam er uit het metrostation iemand met een bakje vol fris, helder water. Ik herkende de vrouw meteen. Ze heette Davika en was een kaartjescontroleur. Ze maakte vaak een praatje met ons.

'Alsjeblieft, Bob,' zei ze, gaf hem een aai en zette het bakje voor hem neer. 'We willen niet dat je uitdroogt.'

Hij viel onmiddellijk op het bakje aan en dronk het helemaal leeg.

Hoewel Bob altijd al snel contact met mensen legde, verbaasde het me toch iedere keer weer. Binnen een paar weken wond hij de mensen van Islington om zijn vinger.

Natuurlijk was niet alles perfect bij de Angel. Het bleef tenslotte Londen, dan was het nooit alleen maar rozengeur en maneschijn. Het grootste probleem waren de vele werkende mensen bij het metrostation.

In Covent Garden was het in alle omliggende straten druk, maar bij de Angel gebeurde alles in de buurt van het metrostation. Daardoor waren er ook veel andere mensen op straat: mensen die gratis kranten uitdeelden tot goededoelenwerkers – of 'wervers'.

Dat was een van de grootste veranderingen sinds ik tien jaar geleden op straat begon te werken. Op straat was veel meer concurrentie gekomen. Wervers zijn hyperenthousiaste jonge mensen die voor goede doelen werken. Het is hun taak om gehaaste forenzen en toeristen in hun kraag te vatten en ze te laten luisteren naar het nut van hun goede doel. Daarna moeten ze proberen hen te laten tekenen voor het storten van een kleine bijdrage. Alsof je beroofd wordt door liefdadigheid.

Sommige waren derdewereldgerelateerd, andere gezondheidgerelateerd of gerelateerd aan kanker of aandoeningen als taaislijmziekte en alzheimer. Ik had er geen probleem mee dat ze er waren, maar wel met de manier waarop ze mensen benaderden. Natuurlijk had ik ook mijn eigen verkooppraatje voor de *Big Issue*, maar ik was niet zo opdringerig en vasthoudend als sommigen van hen. Ze liepen gewoon met de mensen mee en betrokken die in gesprekken die die mensen helemaal niet wilden voeren.

Dus zag ik mensen uit het metrostation komen, recht op een ware muur van die enthousiaste colporteurs in hun felgekleurde T-shirts af en vervolgens zo snel mogelijk doorlopen. Wat heel vervelend was, want daar liepen veel potentiële *Big Issue*-kopers tussen.

Als iemand echt de mensen wegjoeg, dan zei ik daar wat van. Sommige colporteurs hadden daar geen moeite mee. Die respecteerden me en gunden me mijn ruimte. Maar anderen niet.

Een keer had ik een verhitte discussie met een student met een wilde bos krullen. Hij irriteerde mensen mateloos door constant met ze mee te lopen, terwijl ze juist van hem wegliepen. Ik besloot er wat van te zeggen.

'Hé, maat, zo maak je het ons wel heel erg moeilijk,' zei ik in een poging het luchtig te houden. 'Kun je niet een paar meter verderop gaan staan. Dan kunnen wij ook ons werk doen.'

Hij reageerde geprikkeld. 'Ik heb alle recht om hier te zijn. Jij bepaalt niet wat ik moet doen en ik doe gewoon wat ik wil.'

Als je me kwaad wilt krijgen, moet je vooral zoiets zeggen. Ik wees hem direct op het feit dat hij misschien zo zijn studie wilde financieren, maar dat ik geld moest verdienen om de huur en de gas- en elektriciteitsrekening te betalen.

Toen betrok zijn gezicht.

Ook de mensen die gratis kranten uitdeelden vond ik bijzonder irritant. Sommige kranten waren van goede kwaliteit – bijvoorbeeld *StyleList* en *ShortList* – wat de vraag bij me opriep: waarom zouden mensen voor mijn krant betalen, als ze een andere gratis konden krijgen?

En dat probeerde ik ze iedere keer uit te leggen als een van hen in mijn buurt aan het uitdelen was. Ik liep dan naar zo iemand toe en zei: 'We moeten allemaal werken, dus je moet me wel de mogelijkheid geven om mijn werk te doen, je moet echt minstens twintig meter verderop gaan staan.' Het werkte niet altijd, want veel van die verkopers spraken geen Engels. Ik probeerde hun de situatie uit te leggen, maar ze begrepen niet wat ik zei. Anderen wilden gewoon niet naar me luisteren.

Maar de allerirritantste mensen die op straat werkten waren de geldkloppers: goededoelenwerkers die overal opdoken met hun grote plastic emmers om voor de laatste ramp te collecteren.

Ik leef echt mee met een heleboel doelen waarvoor ze collecteerden: Afrika, milieuzaken, dierenrechten. Allemaal geweldige, zinnige doelen. Maar als de verhalen klopten die ik had gehoord over hoeveel geld er in de zakken van die geldkloppers zelf verdween, dan leefde ik al veel minder mee. Sommigen hadden niet eens een pasje of een accreditatie. Sommige geplastificeerde pasjes die om hun nek hingen, hadden net zo goed op een kinderfeestje gemaakt kunnen zijn. Heel amateuristisch.

Toch mochten ze in metrostations staan, een plek die absoluut verboden was voor *Big Issue*-verkopers. Ik baalde echt als ik een geldklopper binnen tussen al die mensen zag lopen. Soms stonden ze pal naast de tourniquets. Dus tegen de tijd dat de forenzen en toeristen uit het station kwamen, hadden die natuurlijk allang geen zin meer om een *Big Issue* te kopen.

Het was de omgekeerde wereld. In Covent Garden was ik de

rebel die niet op de toegestane plekken bleef en de regels aanpaste. Nu stond ik aan de andere kant.

Ik was de enige verkoper met een pasje buiten, op straat voor het metrostation. En ik had keurig uitgezocht op welke plekken ik wel en niet kon staan zonder de andere verkopers daar – vooral de krantenverkoper en de bloemist – voor de voeten te lopen. Maar de wervers, venters en goededoelenwerkers overschreden iedere keer weer die grenzen. Sommige mensen zullen dat vast ironisch vinden, maar ik moet toegeven dat ik er zelf niet altijd om kon lachen.

17

Achtenveertig uur

De jonge arts van de verslavingskliniek krabbelde zijn naam onder het recept en gaf het aan me.

'Vergeet niet: neem dit in en als je echt last hebt van ontwenningsverschijnselen, kom dan op zijn vroegst over achtenveertig uur bij me terug. Je gaat het heel moeilijk krijgen, maar het zal nog moeilijker worden als je niet doet wat ik gezegd heb. Oké?'

'Oké,' knikte ik en liep naar de deur van de behandelkamer. 'Ik hoop dat het me lukt. Tot over een paar dagen.'

Dit was een van mijn tweewekelijkse consultaties, die ik al een paar maanden had, nadat we het voor het eerst hadden gehad over het afkicken van de methadon. Ik vond dat ik er klaar voor was, maar mijn begeleiders en artsen dachten daar duidelijk anders over. Iedere keer dat ik erover begon, hadden ze het weten uit te stellen. Ik had geen idee waarom. Maar eindelijk vonden ze het oké: ik mocht de laatste stap zetten naar het clean zijn.

Het recept dat de arts me zojuist had gegeven was voor mijn laatste dosis methadon. Methadon had me geholpen van mijn heroïneverslaving af te komen en mijn doses waren inmiddels zo laag dat de tijd rijp was om er helemaal mee te stoppen.

Als ik over een paar dagen weer bij de verslavingskliniek kwam, zou ik mijn eerste dosis Subutex krijgen, een veel minder heftige drug, die me uiteindelijk helemaal van de drugs af moest helpen. De arts beschreef het proces als de landing van een vliegtuig, wat ik een mooi beeld vond. In de komende maanden zou hij langzaam de dosering terugbrengen tot bijna niets. In die tijd, vertelde hij, zou ik langzaam op aarde terugkomen en – hopelijk – rustig landen.

Terwijl ik wachtte tot het recept van mijn laatste dosis methadon werd gemaakt, vond ik het niet eens zo heel belangrijk. Mijn hoofd tolde van gedachten over wat me de komende achtenveertig uur te wachten stond.

De arts had tot in detail de risico's met me doorgenomen. Van de methadon afkomen was niet makkelijk. Of beter: hartstikke moeilijk. 'Clucking', of ook wel *cold turkey*, had ik al eens meegemaakt: een reeks akelige fysieke en geestelijke ontwenningsverschijnselen. Ik moest wachten tot die symptomen heel erg werden voordat ik naar de kliniek kon om mijn eerste dosis Subutex te krijgen. Als ik dat niet deed, riskeerde ik een zogenaamde versnelde terugval. Dat kwam neer op een verschrikkelijke terugval. Ik durfde er niet aan te denken.

Op dit moment was ik ervan overtuigd dat ik het kon. Alleen had ik tegelijkertijd dat akelige knagende gevoel dat ik kon falen, dat ik iets zou willen scoren waardoor ik me beter zou voelen. Maar ik prentte mezelf in dat ik dit moest doen, dat ik de laatste horde moest nemen. Anders zou alles hetzelfde blijven de volgende dag, de dag daarna en de dag daarna weer. Dan zou er nooit wat veranderen.

Dat was de waarheid die eindelijk tot me was doorgedrongen. Zo had ik de afgelopen tien jaar geleefd. Een groot deel van mijn leven was gewoon weggeglipt. Ik had zoveel tijd verspild door toe te kijken hoe de dagen voorbijgingen. Als je aan drugs verslaafd bent, worden minuten uren en uren dagen. Het glipt gewoon weg; tijd wordt iets onlogisch, je interesseert je alleen nog maar voor je volgende shot. En tot die tijd is alles onbelangrijk.

En dat is precies wat het zo afschuwelijk maakt. Want het enige waar je aan kunt denken is geld voor je volgende shot. Ik was al enorm vooruitgegaan sinds het absolute dieptepunt van mijn heroïneverslaving, een paar jaar geleden. De verslavingskliniek had me gelukkig op het goede spoor gezet. Maar nu was ik het allemaal spuugzat. Iedere dag naar de apotheek, om de veertien dagen naar de verslavingskliniek. Ik had het gehad. Ik wilde wat doen met mijn leven.

Eigenlijk maakte ik het mezelf extra moeilijk door het alleen te willen doen. Ze hadden me een paar keer aangeboden om bij de Narcotics Anonymous te gaan, maar ik zag dat twaalfstappenprogramma niet zitten. Ik had niets met dat quasi-religieuze aspect. Alsof je jezelf moest overgeven aan een hogere macht. Dat was niets voor mij.

Ik realiseerde me heel goed dat ik het leven daardoor voor mezelf veel moeilijker maakte. Maar het verschil was dat ik wist dat ik niet alleen was. Ik had Bob.

Ik nam hem nooit mee naar de verslavingskliniek, vond het niets voor hem. Het was een deel van mijn leven waar ik niet trots op was, hoewel ik wist dat ik al een heleboel had bereikt sinds ik daar voor de eerste keer naar binnen was gegaan.

Toen ik weer thuis was, was hij blij me te zien. Ook omdat ik onderweg langs de supermarkt was gegaan en een grote tas lekkere spullen had gekocht voor de komende twee dagen.

Iedereen die heeft geprobeerd van een verslaving af te komen, weet het: of het nou om sigaretten of alcohol gaat, de eerste achtenveertig uur zijn het ergst. Je bent zo gewend geraakt aan je 'shot', dat je aan niets anders kunt denken. De truc is natuurlijk om aan iets anders te denken. En ik hoopte dat me dat ging lukken. En ik was echt heel blij dat ik Bob als steun had.

Tussen de middag zaten we voor de televisie en aten wat samen – en wachtten.

De methadon werkte ongeveer twintig uur, dus het eerste deel van de dag kwam ik makkelijk door. Bob en ik speelden wat en gingen even naar buiten, zodat hij zijn behoefte kon doen. En ik speelde een oeroude versie van het originele spel *Halo 2* op mijn oeroude X-box. Op dat moment ging alles van een leien dakje, maar ik wist dat dat niet lang meer kon duren.

De beroemdste scène van iemand die cluckt zit waarschijnlijk in de film *Trainspotting,* waarin Ewan McGregor als Renton besluit cold turkey van zijn heroïneverslaving af te kicken. Hij wordt opgesloten in een kamer met eten en drinken voor een paar dagen. Hij ondergaat de meest afgrijselijke fysieke en geestelijke gruwelijkheden die je je kunt voorstellen. Beeft, krijgt hallucinaties, wordt doodziek. Dat soort dingen. Iedereen herinnert zich nog wel de scène waarin hij denkt dat hij in de wc-pot klimt.

Wat ikzelf de achtenveertig uur hierna meemaakte, was minstens nog tien keer erger.

De ontwenningsverschijnselen begonnen ongeveer vierentwintig uur na mijn laatste dosis methadon. Binnen acht uur zweette ik als een otter en was ik ontzettend nerveus. Inmiddels was het midden in de nacht en zou ik moeten slapen. Ik dommelde wel wat, maar had het gevoel dat ik de hele tijd klaarwakker was. Het was een rare slaap vol dromen, of beter: hallucinaties.

Ik kan het me niet allemaal precies meer herinneren, maar weet nog wel dat ik prachtige dromen had over het scoren van heroïne. Ik had veel van die dromen en ze gingen altijd hetzelfde: of ik scoorde en liet het dan vallen, of ik scoorde en kreeg de naald niet in een ader of ik scoorde, maar werd door de politie gearresteerd voordat ik een shot had kunnen zetten. Het was heel gek. Blijkbaar registreerde mijn lijf dat het niet de stof binnenkreeg die het al zo lang om de twaalf uur toegediend kreeg. En tegelijkertijd probeerde mijn onderbewustzijn me ervan te overtuigen dat het een goed idee was om weer te gaan gebruiken. In mijn hersenpan was een heftige strijd gaande en ik voelde me een soort buitenstaander die naar iemand anders keek.

Het was echt heel gek. Toen ik jaren geleden van de heroïne afkickte, ging het veel minder heftig. De overstap naar methadon was makkelijk geweest. Maar dit was heel anders.

Mijn tijdsbesef was verdwenen, maar tegen de volgende ochtend had ik barstende koppijn, het leek wel migraine. Daardoor kon ik slecht tegen licht en geluid. Maar in het donker kreeg ik dromen en hallucinaties, en wilde ik het licht in. Het was een vicieuze cirkel.

Wat ik het allermeest nodig had, was afleiding. En op dat gebied was Bob mijn redding.

Ik had me al eerder afgevraagd of Bob en ik soms telepathisch verbonden waren. Af en toe kon hij echt mijn gedachten lezen. Ook nu. Hij wist dat ik hem nodig had, dus was hij constant bij me. Hij zat bij me, kwam bij me liggen als ik het vroeg, maar hield afstand als ik het slecht had.

Alsof hij wist wat ik doormaakte. Soms soesde ik weg en dan kwam hij naar me toe, met zijn koppie bij mijn gezicht alsof hij wilde vragen: ‘Alles oké, vriend? Ik ben hier als je me nodig hebt.’

Andere keren zat hij spinnend naast me, wreef met zijn staart over mijn arm en likte af en toe mijn gezicht. Als ik in en uit een griezelig, hallucinair universum dreef, was hij mijn anker naar de realiteit.

Ook op andere manieren was hij een godsgeschenk. Hij gaf me wat te doen. Ik moest hem voeren, wat ik regelmatig deed. Het naar de keuken lopen, een eetzakje openscheuren en dat in zijn bakje doen was precies wat ik nodig had om niet te hoeven denken aan wat ik doormaakte. Ik voelde me te slecht om met hem naar beneden te lopen om hem zijn behoefte te laten doen, maar als ik hem naar buiten liet, rende hij naar beneden en was binnen een paar minuten weer terug. Hij wilde me niet te lang alleen laten.

Ik had ook momenten dat ik me veel minder beroerd voelde. Bijvoorbeeld in de ochtend van de tweede dag waren er uren dat ik me redelijk goed voelde. Bob en ik speelden toen veel en ik las wat. Dat was niet makkelijk, maar ik had wat te doen. Ik las een boek over een marinier die honden redde in Afghanistan. Het was goed om te lezen wat iemand anders met zijn leven deed.

Tegen het eind van de middag van de tweede dag werden de ontwenningsverschijnselen echt rampzalig. Het ergst was de fysieke reactie. Ik was gewaarschuwd dat ik tijdens het clucken last kon krijgen van het zogenaamde rusteloze-beensyndroom. Je krijgt dan ongelooflijk vervelende zenuwschokken door je hele lijf, waardoor je absoluut niet stil kunt zitten. Dat overkwam me nu. Mijn benen begonnen onverwacht en ongecontroleerd te schoppen – en het wordt niet voor niets schoppen genoemd.

Volgens mij werd Bob er een beetje bang van, want hij keek me geschrokken aan. Toch liep hij niet weg. Hij bleef bij me.

Die nacht was de allerergste. Ik kon geen televisie kijken, want mijn hoofd kon niet tegen licht en geluid. Maar in het donker kreeg ik allemaal idiote, soms doodenge, beelden in mijn hoofd. En mijn benen schopten constant en ik had het afwisselend heel heet of ijskoud. De ene keer had ik het zo heet dat mijn lijf een oven leek en het volgende moment had ik het ijskoud. Het zweet op mijn lijf koelde dan akelig snel af en dan begon ik te rillen. Dus dan trok ik iets over me heen, maar dan kreeg ik het weer bloedheet. Het was een akelige toestand.

Af en toe was ik heel helder. Ik weet nog dat ik op een gegeven moment dacht dat ik volkomen begreep waarom zoveel mensen het moeilijk vinden om af te kicken. Het is zowel een fysiek als een mentaal proces. Dat wilsgevecht is heel erg eenzijdig. De verslavingskrachten zijn veel sterker dan de krachten die je van de drugs proberen af te houden.

Op een ander moment bekeek ik de afgelopen tien jaar en zag wat mijn verslaving me had aangedaan. Ik zag – en rook – de steegjes en viaducten waarin en waaronder ik had geslapen, de hostels waar ik doodsangsten had uitgestaan, de afgrijselijke dingen die ik had meegemaakt om te scoren, zodat ik weer twaalf uur verder kon. Ik zag ongelooflijk scherp hoe erg een verslaving je leven verpest.

Ook had ik rare, bijna surrealistische, ideeën. Bijvoorbeeld die keer dat ik bedacht dat ik, als ik na het afkicken wakker zou worden met geheugenverlies, nooit meer zou weten dat ik verslaafd was geweest. Veel van mijn problemen kwamen voort uit het gegeven dat mijn lijf precies wist wat er met me aan de hand was en wat ik daaraan kon doen. Ik zal niet ontkennen dat ik heel zwakke momenten had, als ik aan scoren dacht, maar toch lukte het me vrij makkelijk om die gedachten te verdrijven. Dit was mijn kans, misschien mijn laatste kans. Ik moest sterk zijn en blijven. Ik moest het accepteren: de diarree, de krampen, het overgeven, de koppijn, de grote temperatuurswisselingen – alles.

Er leek geen einde te komen aan die tweede nacht. Als ik naar de klok keek, leek het alsof de wijzers achteruit in plaats van vooruit draaiden. Buiten leek het donkerder te worden in plaats van lichter, alsof het nooit ochtend zou worden. Het was verschrikkelijk.

Maar ik had mijn geheime wapen. Soms irriteerde Bob me. Op een gegeven moment was ik stil en rustig, omdat ik de wereld wilde buitensluiten. Ineens voelde ik de nagels van Bob in mijn been. Heel pijnlijk.

'Bob, verdomme, wat doe je?' riep ik naar hem, waardoor hij geschrokken opsprong. Ik voelde me meteen schuldig.

Waarschijnlijk vond hij me veel te stil en vertrouwde hij het niet. Wilde hij alleen maar controleren of ik nog leefde. Maakte hij zich zorgen om me.

Eindelijk drong er een vaag, waterig groen licht door het raam naar binnen, het teken dat de ochtend begon. Ik sleepte mezelf uit bed en keek op de klok hoe laat het was. De kliniek ging om negen uur open en ik kon geen seconde meer wachten.

Ik plonsde wat koud water in mijn gezicht. Het deed gewoon pijn op mijn zweterige huid. In de spiegel zag ik dat ik doodmoe was en dat mijn haar afschuwelijk zat. Maar dit was niet het moment om daarover te piekeren. Dus trok ik wat kleren aan en liep naar de bushalte.

Van Tottenham naar Camden reizen was op dit tijdstip altijd een ramp, maar vandaag was het nog veel erger dan anders.

Elk verkeerslicht stond op rood en overal stonden lange files. Het was echt een reis naar de hel.

Ook in de bus had ik last van de enorme temperatuurswisselingen. Het ene moment zweette ik van de hitte, het volgende moment huiverde ik van de kou en trilden mijn benen ongecontroleerd, hoewel het niet zo erg was als de afgelopen nacht. Mensen keken naar me alsof ik gek was. Het interesseerde me niets. Ik wilde alleen maar naar de verslavingskliniek.

Ik was er stipt om negen uur en zag dat de wachtkamer al halfvol zat. Een paar mensen zagen er net zo beroerd uit als ik me voelde. Ik vroeg me af of hun afgelopen achtenveertig uur net zo afgrijselijk waren geweest als de mijne.

'Ha, James, hoe gaat het?' vroeg de arts, toen hij de behandelkamer binnenkwam. Hij hoefde maar naar me te kijken en hij had het antwoord, maar ik waardeerde zijn belangstelling.

'Niet zo heel super.'

'Nou, je hebt in ieder geval de afgelopen twee dagen overleefd. Dat is een enorme stap vooruit.'

Hij keek me na, liet me urine inleveren, gaf me een tablet Subutex en schreef een recept uit voor meer Subutex.

'Straks voel je je een stuk beter. En we beginnen meteen je ook hier vanaf te krijgen – tot je helemaal niet meer hoeft te komen.'

Ik bleef even zitten om er zeker van te zijn dat de nieuwe medicijnen geen vervelende bijverschijnselen zouden hebben. Dat hadden ze niet. Integendeel. Ik voelde me duizend keer beter dan ervoor.

Tegen de tijd dat ik weer in Tottenham was, voelde ik me helemaal anders. Het was een beter gevoel dan met de methadon. De wereld leek veel levendiger. Ik vond dat ik veel beter kon zien, horen en ruiken. De kleuren waren helderder. De geluiden zuiverder. Het was heel vreemd. Het zal vast wel raar klinken, maar ik voelde me eindelijk weer levend.

Onderweg kocht ik voor Bob wat zakjes Sheba met een nieuwe smaak die net op de markt was en een speelmuisje.

In de flat maakte ik er een hele vertoning van.

'We hebben het geflikt, jochie. Het is ons gelukt.'

Ik voelde me ongelooflijk goed. De dagen hierna veranderden mijn gezondheid en mijn leven volledig. Alsof iemand de gordijnen had opengetrokken en eindelijk de zon in mijn leven kwam.

Natuurlijk had iemand dat in zekere zin ook gedaan.

18

Huiswaarts

Ik had niet gedacht dat Bob en ik nog betere vrienden konden worden, maar het avontuur dat we net samen hadden beleefd had onze band nog sterker gemaakt. In de dagen hierna leek het alsof hij aan me vastgelijmd zat en in de gaten hield of ik een terugval kreeg.

Maar daar hoefde hij niet bang voor te zijn. Ik voelde me beter dan ik me in jaren had gevoeld. Ik huiverde bij de gedachte aan de akelige verslavingen in mijn verleden. Ik was nu veel te ver de goede weg op om nog terug te willen.

Om mijn succes te vieren, besloot ik de flat wat op te knappen. Bob en ik stonden dus iedere dag een paar uur langer bij het metrostation en van de opbrengst kocht ik verf, een paar kussens en wat posters.

Ook ging ik naar een goede tweedehandsmeubelwinkel in Tottenham en kocht een mooie, nieuwe bank. Die was dieprood en van zware stof, die hopelijk tegen Bobs klauwen bestand was. Mijn oude bank was rijp voor de sloop, deels doordat hij gewoon oud was, maar ook doordat Bob zijn nagels scherpte aan de poten en zitting. Dat mocht hij van mij niet meer doen bij de nieuwe bank.

De weken gingen voorbij, het werd vroeger donker en de nachten werden koud. We hingen steeds vaker op de nieuwe bank. Ik droomde al van een leuke kerst voor Bob en mij, hoewel dat een beetje voorbarig bleek.

Ik kreeg behalve rekeningen niet veel post, dus toen er begin november 2008 op een ochtend een brief in mijn brievenbus zat, viel die envelop meteen op. Een luchtpostbrief uit Tasmanië, Australië.

Van mijn moeder.

Al jaren hadden we amper contact gehad. Maar ondanks de afstand die er tussen ons was gegroeid, was het een leuke, gezellige brief. Ze vertelde dat ze was verhuisd naar Tasmanië en dat ze daar heel gelukkig was.

Maar de reden van haar brief was een uitnodiging. 'Als ik betaal voor de vliegreis naar Australië en terug, heb je dan zin om hiernaartoe te komen?' Verder schreef ze dat de kerstvakantie misschien een goed idee was en dat ik dan ook naar Melbourne kon gaan, waar mijn peetouders woonden, met wie ik destijds een heel goede band had.

'Laat het me maar weten,' eindigde ze. 'Liefs, ma.'

Vroeger zou ik de brief meteen in de prullenbak hebben gegooid. Toen was ik veel te koppig, te boos en te trots om een uitgestoken hand van mijn familie te accepteren.

Maar ik was veranderd. Mijn leven draaide niet meer om drugs.

Inmiddels zag ik het allemaal beter in en voelde ik bijna letterlijk een stuk angst en paranoia van vroeger van me afvallen. Dus besloot ik erover na te denken.

Het zou geen makkelijke keus worden, verre van. Er zaten heel veel voors en tegens aan.

Het grootste vóór was dat ik mijn moeder weer zou zien. Ondanks al onze ups en downs die we door de jaren heen hadden gehad, bleef ze mijn moeder en miste ik haar.

We hadden wel af en toe contact gehouden tijdens mijn verslaving en mijn leven op straat, maar ik had haar nooit eerlijk verteld wat er echt allemaal gebeurd was. En de afgelopen tien jaar hadden we elkaar maar één keer gezien, toen ze even kort in Engeland was geweest. Dat was in een kroeg bij Epping Forest. Ik was er met de District Line naartoe gegaan en we hadden drie, vier uur gepraat. Toen ik niet, zoals afgesproken, na zes maanden terugkwam, had ik een verhaaltje verzonnen over dat ik in een band in Londen zat en dat ik niet naar Australië kon komen omdat we 'aan de weg timmerden'.

En ik hield me aan dat verhaal toen we in de kroeg zaten.

Ik vond het niet prettig haar al die leugens te moeten vertellen, maar ik had absoluut de moed of de kracht niet om haar te vertellen dat ik op straat woonde, heroïneverslaafd was en min of meer mijn leven vergooide.

Ik wist niet of ze me wel of niet geloofde. En destijds interesseerde me dat niets.

Daarna hadden we elkaar af en toe nog telefonisch gesproken, maar meestal gingen er maanden voorbij zonder dat ik contact zocht. Daar had ze duidelijk veel verdriet van gehad.

Soms had ze ontzettend haar best moeten doen om contact met me te houden. Ik was bijvoorbeeld straal vergeten haar te bellen na de bomaanslag in Londen in juli 2005. Ik was daar – goddank – niet in de buurt, maar dat wist mijn moeder – aan de andere kant van de wereld – niet. Nick, met wie ze nog steeds was, werkte toen bij de politie in Tasmanië. Op de een of andere manier wist hij iemand van de Metropolitan Police zo gek te krijgen om mijn moeder en hem te matsen. Ze zochten op waar ik woonde en stuurden een paar agenten naar het pension in Dalston waar ik woonde.

Ik schrok me wezenloos toen die 's ochtends vroeg op mijn deur bonkten.

'Rustig maar, kerel, je hebt niets verkeerds gedaan,' zei een van hen, toen ik verbijsterd opendeed. 'Maar aan de andere kant van de wereld zijn er een paar mensen die graag willen weten of je nog leeft.'

Ik had toen bijna het grapje gemaakt dat zij me ongeveer een hartaanval hadden bezorgd, maar besloot het toch maar niet te doen. Ik had niet het idee dat ze blij waren met deze 'zoekopdracht'.

Ik belde ma en vertelde dat ik oké was. Weer was het niet in me opgekomen dat iemand zich zorgen om me zou maken. Zo dacht ik destijds helemaal niet. Ik stond alleen in de wereld en was druk bezig te overleven. Maar ik was veranderd.

Al die jaren van verwaarlozing en teleurstellingen zou ik nu goed kunnen maken. Ik had het gevoel dat ik het moest doen.

Een ander groot vóór was dat ik een heerlijke vakantie in de zon zou hebben. Iets wat ik al jaren niet had gehad, aangezien ik in Londen woonde en meestal 's avonds werkte. Ik was nog steeds doodmoe van de nieuwe medicijnen en wist dat een paar weken in een andere omgeving heel goed voor me zou zijn. Mijn moeder had geschreven dat ze in the middle of nowhere op een boerderij woonde, vlak bij een riviertje. Het klonk idyllisch. Australië, of beter: het Australische landschap, had nog altijd een speciaal plekje in mijn hart. Daar weer rondlopen zou goed voor me zijn.

En er waren veel meer vóórs. Helaas was de lijst tegens nog veel langer. Boven aan die lijst stond mijn grootste bezwaar: Bob. Wie zou er voor hem zorgen? Hoe kon ik er zeker van zijn dat hij op me zou wachten tot ik terug was? Wilde ik echt wel wekenlang van mijn maatje gescheiden zijn?

Het antwoord op mijn eerste vraag kwam al heel snel. Toen ik dit aan Belle vertelde, bood ze meteen aan om Bob in huis te nemen. Ik wist dat ik haar kon vertrouwen en dat ze goed voor hem zou zorgen. Maar ik vroeg me wel af hoe Bob erop zou reageren.

Het volgende grote bezwaar was geld. Mijn moeder zou dan wel het vliegticket betalen, maar zonder geld mocht ik Australië niet in. Ik had wat rondgevraagd en ontdekt dat ik minstens £500 cash nodig had om het land in te mogen.

Een paar dagen lang wikte en woog ik, en besloot uiteindelijk om te gaan. Waarom niet? De verandering en de zon zouden goed voor me zijn.

Ik moest veel regelen. Om te beginnen moest ik een nieuw paspoort hebben, wat niet makkelijk werd afgegeven, gezien mijn levensstijl van de afgelopen jaren. Een maatschappelijk werker hielp me met het noodzakelijke papierwerk, onder meer een geboorteakte.

En ik moest een vlucht uitzoeken. Het allergoedkoopst was met Air China naar Peking vliegen en vanaf daar naar Melbourne. Het was wel een zeer lange reis met een zeer lange stop in Peking, maar veel goedkoper dan de andere vluchten. Mijn moeder had me inmiddels haar e-mailadres gestuurd, dus stuurde ik een e-mail met daarin alle details, waaronder mijn nieuwe paspoortnummer. Een paar dagen later al kreeg ik een bevestigingse-mail van de website waar mijn moeder de tickets had gekocht. Ik kon vertrekken.

Het enige wat ik nu nog moest regelen was £500. Eitje.

Mijn vlucht vertrok in de eerste week van december naar Australië. Dus werkte ik alle uren van de dag, ongeacht wat voor weer het was. Bob ging meestal met me mee, maar als het hard regende liet ik hem thuis. Ik wist dat hij regen haatte en ik wilde niet riskeren dat hij verkouden of ziek werd. Want als hij weer ziek zou worden, zou ik niet naar Australië gaan.

Al snel kon ik wat geld opzijleggen. Ik bewaarde het in een kleine theebus die ik had gevonden. Die raakte langzaam vol. Toen mijn vertrekdatum naderde, had ik voldoende gespaard.

Bedrukt vertrok ik naar Heathrow. In de flat van Belle nam ik afscheid van Bob. Hij was niet verdrietig, maar wist toen ook nog niet dat ik zes weken weg zou zijn. Ik wist dat hij goed zat bij Belle, maar toch maakte ik me zorgen. Ik leek wel een overbezorgde vader.

Als ik had gedacht dat de reis naar Australië een leuk, ontspannen avontuur zou worden, dan had ik het helemaal mis. De ongeveer zesendertigurige reis was een nachtmerrie.

Het begon rustig. De vlucht naar Peking met Air China duurde elf uur en verliep normaal. Ik keek een film en at wat, maar kon niet slapen omdat ik me niet lekker voelde. Deels door mijn medicijnen, maar ook door het slechte weer in Londen. Misschien had ik te lang in de stromende regen *Big Issues* verkocht. Ik had het ontzettend koud en moest constant niezen. De stewardessen en een paar medepassagiers keken me raar aan als ik een niesbui had, maar tot we in Peking landden zocht ik daar niets achter.

Terwijl we naar de terminal taxieden, kwam er een mededeling van de piloot via de intercom. Eerst in het Chinees, daarna in het Engels. Het kwam erop neer dat we moesten blijven zitten tot we te horen kregen dat we het vliegtuig uit mochten.

Raar, dacht ik.

Vervolgens kwamen er twee geüniformeerde Chinese beambten met gezichtsmaskers op naar binnen. Ze liepen over het gangpad naar me toe en een van hen had ineens een thermometer in zijn hand.

Een stewardess kwam erbij om te vertalen. 'Deze mannen zijn van de Chinese overheid. Ze willen uw temperatuur opnemen.'

'Oké,' zei ik, omdat het niet het moment was om moeilijk te doen.

Ik deed mijn mond open en bleef rustig zitten terwijl een van de beambten op zijn horloge keek. Nadat ze in het Chinees hadden overlegd, vertelde de stewardess: 'U moet met hen mee voor een paar medische routinetestjes.'

Het was het jaar 2008 en er heerste varkensgriep. Vooral China was daar zeer huiverig voor. Een paar dagen eerder had ik een verslag op het journaal gezien, waarin werd verteld dat mensen China niet binnen mochten als het vermoeden bestond dat ze besmet waren. Veel mensen werden dagenlang in quarantaine gezet.

Dus maakte ik me een beetje zorgen toen ik met ze meeliep. Ik zag het helemaal voor me dat ik een maand lang in Chinese quarantaine zat.

Ze deden allerlei testen, van bloedtesten tot speekseltesten. Waarschijnlijk vonden ze allerlei interessante dingen – maar goddank geen varkensgriep, SARS of iets anders besmettelijks. Na een paar uur zei een van de beambten verontschuldigend dat ik weg mocht.

Het enige probleem was dat ik vervolgens verdwaalde in de kolossale, hangarachtige ruimte van de luchthaven van Peking.

Ik had drie uur om mijn bagage en mijn aansluitende vlucht te vinden, en het was jaren geleden dat ik voor het laatst op een vliegveld was geweest. Ik was vergeten hoe groot en zielloos die dingen waren en deze helemaal. Ik moest met een treintje van de ene kant van Terminal 3 naar de andere kant.

Nadat ik een paar keer verkeerd was gelopen, vond ik mijn vliegtuig minder dan een uur voordat het zou opstijgen.

Opgelucht liet ik me in mijn stoel zakken en uitgeput sliep ik het grootste deel van de reis naar Melbourne. En daar wachtte me een nieuwe verrassing.

Terwijl ik langs de douane liep, merkte ik dat een labrador enthousiast aan mijn bagage snuffelde.

'Pardon, meneer, wilt u even met ons meelopen,' zei een douanier.

O, god, dacht ik. Zo kom ik nooit bij mijn moeder.

Ik werd meegenomen naar een onderzoekskamertje, waar ze mijn bagage controleerden. Met een elektrische drugsdetector gingen ze over mijn koffer. Aan hun gezichten kon ik zien dat er iets was.

'Ik ben bang dat uw bagage positief reageert op cocaïnebezit,' zei de douanier.

Ik was verbijsterd en wist niet hoe dat kon. Ik had nooit cocaïne gebruikt en kende niemand die het gebruikte. Geen van mijn vrienden kon zich dat veroorloven.

Hij vertelde me dat het niet illegaal was om het voor privégebruik bij me te hebben.

'Als u een gebruiker bent en als u het alleen voor privéconsumptie gebruikt, dan kunt u ons dat rustig vertellen en kunt u verder reizen.'

Ik legde hem mijn situatie uit. 'Ik zit in een afkickprogramma, dus gebruik ik niets.' En liet ze een brief van mijn huisarts zien waarin stond waarom ik Subutex gebruikte.

Uiteindelijk vonden ze niets en moesten ze me laten gaan. Toen ik weer bij de douane was, was het bijna een uur later en moest ik een andere vlucht naar Tasmanië nemen, die een paar uur later ging. Toen ik er eindelijk was, was het bijna avond en was ik doodop.

Het was geweldig om mijn moeder weer te zien. Ze wachtte me op het vliegveld van Tasmanië op en omhelsde me stevig. Ze huilde. Volgens mij was ze heel blij me weer te zien.

Ik was ook heel blij haar weer te zien, al huilde ik niet.

De boerderij was net zo leuk als ze het in haar brief had beschreven. Het was een grote, ruime bungalow met een grote achtertuin. Daaromheen lag akkerland en aan de grens ervan stroomde een riviertje. Het was een heel rustige, prachtige plek. De komende maand kon ik hier heerlijk rondhangen, me ontspannen, bijkomen en zalig nietsdoen.

Binnen een paar weken voelde ik me al een heel ander iemand. De drukte van Londen was – letterlijk – duizenden kilometers van me weg. Meer dan vijftienduizend om precies te zijn. De moederlijke gevoelens van mijn moeder barstten helemaal los en ze zorgde ervoor dat ik goed at. Ik voelde me sterker worden. Ook merkte ik dat de relatie tussen mijn moeder en mij steeds beter werd. In het begin praatten we niet diepgaand over dingen, maar gaandeweg durfde ik ook dat aan. En op een avond, toen we op de veranda naar de zonsondergang keken en ik een paar glazen had gedronken, kwam ineens alles er uit. Het was geen grote biecht, het werd geen Hollywood-drama. Ik praatte alleen maar... en praatte.

De emotionele sluizen stonden al een tijdje op springen. Jarenlang had ik drugs gebruikt om aan mijn emoties te ontsnappen. Om te zorgen dat ik die niet had. Langzaam maar zeker had ik dat veranderd. En nu kwamen mijn emoties weer terug.

Toen ik haar een paar van mijn ergste dieptepunten van de afgelopen tien jaar vertelde, was mijn moeder diep geschokt. Net zoals iedere ouder zou zijn.

'Ik dacht wel dat het niet zo goed met je ging, toen ik je zag. Maar ik heb nooit beseft dat het zo erg was,' zei ze bijna in tranen.

Andere keren mompelde ze met haar hoofd tussen haar handen: 'Waarom?'

'Waarom heb je niet gezegd dat je je paspoort kwijt was?'

'Waarom heb je me niet gebeld?'

'Waarom heb je je vader niet gebeld?'

En natuurlijk gaf ze zichzelf de schuld van alles. Zei dat ze me had laten vallen. Maar ik zei dat ze er niets aan had kunnen doen. Ik had mezelf laten vallen. En dat was mijn eigen schuld. Verder van niemand.

'Jij hebt niet besloten om in kartonnen dozen te gaan slapen en iedere avond te trippen op dope,' zei ik tegen haar. Toen barstte ze in tranen uit.

Toen het ijs eindelijk was gebroken, praatten we veel makkelijker. We hadden het over vroeger, over mijn jeugd in Australië en Engeland. Ik was zo blij dat ik eerlijk tegen haar kon zijn. Ik vertelde haar dat ze vroeger een schimmig figuur voor me was geweest en dat het opgroeien met nannies en het vele verhuizen een grote impact op me hadden gehad.

Natuurlijk vond ze dat vervelend, maar ze vertelde dat ze

voor brood op de plank had moeten zorgen en voor een dak boven ons hoofd. Ik begreep dat, maar vond toch dat ze er meer voor me had moeten zijn.

We lachten ook veel. Het was niet alleen geklaag en gejammer. We gaven toe dat we erg op elkaar leken en giechelden over de ruzies die we hadden toen ik een tiener was.

Ze gaf toe dat er toen een groot persoonlijkhedenconflict was. 'Ik ben een sterke persoonlijkheid en jij ook. Dat heb je van mij.'

Maar uiteindelijk praatten we veel meer over het heden dan over het verleden. Ze vroeg van alles over het afkickprogramma en wat ik wilde gaan doen nu ik bijna clean was. Ik legde uit dat ik stap voor stap verderging en dat ik met een beetje geluk over ongeveer een jaar helemaal clean zou zijn. Soms luisterde ze alleen maar, iets wat ze niet altijd had gedaan. Net zoals ik. Volgens mij leerden we een heleboel over elkaar. Bijvoorbeeld dat we diep vanbinnen heel erg op elkaar leken, daarom ruzieden we zoveel toen ik jonger was.

In onze gesprekken had ik het vaak over Bob. Ik had een foto van hem bij me, die ik aan iedereen liet zien.

'Hij ziet er slim uit,' zei mijn moeder glimlachend.

'Dat klopt,' zei ik trots. 'Ik weet niet wat ik zonder hem zou moeten.'

Het was geweldig in Australië. Ik vond tijd om alles op een rijtje te zetten. Ik maakte de balans op – wie ik was en wat ik wilde gaan doen.

Enerzijds wilde ik er ontzettend graag blijven wonen. Mijn familie woonde er en ik had er een veel groter ondersteunend netwerk dan in Londen. Maar dan dacht ik aan Bob en aan het feit dat hij net zo eenzaam was zonder mij als ik zonder hem. Niet dat ik dat meteen toegaf. Toch zat ik, toen mijn zesde week in Australië begon, met mijn hoofd al in het vliegtuig naar Engeland.

Deze keer nam ik keurig afscheid van mijn moeder. Ze bracht me naar het vliegveld en zwaaide me uit terwijl ik naar Melbourne vertrok, naar mijn peetouders. Die waren in mijn jeugd heel belangrijk voor me geweest. Destijds waren ze de eigenaars van het grootste particuliere telecombedrijf in Australië en hadden als eerste een semafoonbedrijf opgericht, dus ze hadden een boel geld. Als jongen vond ik het heerlijk in het landhuis dat ze in Melbourne hadden laten bouwen. Ik heb er zelfs een tijdje gewoond toen het slecht ging tussen mijn moeder en mij.

Hun reactie op mijn verhaal was dezelfde als die van mijn moeder – ze waren geschokt.

Ze boden aan me financieel te helpen en zelfs een baan voor me te zoeken in Australië. Dus legde ik weer uit dat ik in Londen verantwoordelijkheden had.

De terugreis was veel minder enerverend dan de heenreis. Ik voelde me veel beter, fitter en gezonder. Waarschijnlijk straalde ik dat ook uit, want ik trok amper de aandacht bij de douane- en immigratiediensten. Ik was zo rustig en ontspannen dat ik het grootste deel van de reis heb geslapen.

Ik wilde dolgraag Bob weer zien, hoewel ik ook een beetje bang was dat hij veranderd was of me vergeten zou zijn. Ik had me geen zorgen hoeven maken.

Ik was nog niet binnen in Belles flat of zijn staart schoot omhoog en hij sprong van de bank af en rende naar me toe. Ik had wat kleine cadeautjes meegebracht, onder andere twee kangoeroeknuffeltjes. Meteen viel hij op ze aan. En toen we die avond naar huis gingen, klom hij meteen via mijn arm naar mijn schouder, net als altijd. Meteen was mijn emotionele en fysieke reis naar de andere kant van de wereld vergeten. Het was, net als altijd, Bob en ik tegen de rest van de wereld. Alsof ik niet weg was geweest.

19

De stationsmeester

Australië was geweldig geweest, ik was er fysiek en geestelijk veel sterker geworden. Weer terug in Londen voelde ik me veel sterker en zelfverzekerder dan in de jaren ervoor. En nu Bob en ik weer samen waren, voelde ik me nóg sterker. Zonder hem leek het alsof ik een stukje van mezelf had gemist, daar in Tasmanië. Nu was ik weer compleet.

Al snel hadden we ons oude leventje weer hervat en waren we constant samen. En zelfs nu, na bijna twee jaar samen, wist hij me nog te verrassen.

Ik had eindeloos over Bob gepraat, toen ik weg was. Had iedereen verteld hoe slim hij was. Ik weet zeker dat sommige mensen me voor gek verklaarden. Een kat kan nooit zo slim zijn, dachten ze natuurlijk.

Maar een paar weken na mijn terugkomst begreep ik dat ik hem toch nog had onderschat.

Zijn behoefte doen was voor Bob altijd een hele opgave. Hij had nooit de kattenbak willen gebruiken die ik voor hem had gekocht. In de kast stonden nog steeds een paar zakken kattenbakkorrels te verstoffen. Die hadden daar vanaf dag één gestaan.

Het was een heel gedoe om iedere keer dat hij moest plassen of poepen helemaal naar beneden te lopen, vijf trappen af, en dan naar de beplanting bij de flat. In de maanden voordat ik naar Australië zou gaan, had ik gemerkt dat hij veel minder naar beneden ging. En na mijn terugkomst was dat niet veranderd.

Eerst dacht ik dat het een medisch probleem was, dus nam ik hem mee naar het Blue Cross-busje op Islington Green. Gelukkig vond de dierenarts niets abnormaals. Hij dacht dat misschien Bobs spijsvertering aan het veranderen was omdat hij ouder werd.

Maar uiteindelijk bleek de reden veel minder wetenschappelijk te zijn – en veel grappiger. Pal nadat ik terug was uit Australië, werd ik op een ochtend heel vroeg wakker – rond halfzeven. Mijn biologische klok was nog behoorlijk van slag. Met dikke slaapogen kroop ik uit bed en wankelde naar de wc. De deur stond halfopen en ik hoorde een zacht, kletterend geluid. Raar, dacht ik nog en verwachtte half en half dat er iemand had ingebroken om naar de wc te gaan, maar toen ik behoedzaam de deur verder openduwde, was ik stomverbaasd: Bob stond met vier poten op de wc-bril. Net als in die scène uit *Meet the parents*, waarin de kat van Robert De Niro, Mr. Jinxie, hetzelfde doet. Alleen was dit echt. Bob had duidelijk besloten dat het veel te veel gedoe was om helemaal naar beneden te lopen om zijn behoefte te doen. In de drie jaar dat hij nu bij me was, had hij me natuurlijk ook naar de wc zien gaan. Hij had blijkbaar goed gekeken en het zichzelf aangeleerd.

Toen hij zag dat ik naar hem keek, keek hij me aan met die blik van: 'Wat is er? Ik ga gewoon naar de wc. Is daar iets mis mee?' Hij had natuurlijk gelijk. Waarom verbaasde het me? Ik wist toch dat hij bijna tot alles in staat was. Dat wist ik toch allang.

Heel wat van onze klanten bij de Angel hadden gemerkt dat we er een paar weken niet hadden gestaan. In de eerste week dat we weer op ons plekkie stonden, kwamen er veel mensen met een brede glimlach op hun gezicht naar ons toe en zeiden dingen als: 'Ah, jullie zijn er weer' en 'Ik was al bang dat jullie de loterij hadden gewonnen'. Allemaal hartverwarmende, aardige dingen.

Een vrouw gaf ons een kaart waar ze op geschreven had: 'We hebben jullie gemist'. Het voelde geweldig om weer 'thuis' te zijn.

Uiteraard waren er ook een paar mensen die niet blij waren dat we weer terug waren.

Op een avond kreeg ik ruzie met een Chinese vrouw. Ik herinnerde me dat ze al eerder afkeurend naar Bob en mij had gekeken. Deze keer kwam ze met opgestoken vinger naar ons toe.

'Dit is niet goed, is helemaal niet goed,' zei ze boos.

'Sorry. Wat is er niet goed?'

'Het is niet normaal dat een kat zo is. Hij is veel te rustig. Je hebt hem gedrogeerd. Jij hebt je kat gedrogeerd.'

Die beschuldiging kon en wilde ik niet op me laten zitten.

Niet dat het de eerste keer was dat iemand iets dergelijks insinueerde. Destijds in Covent Garden was er een betweterige man die me overduidelijk had laten weten dat hij 'me wel zou krijgen'.

'Ik weet wat jij doet. En volgens mij weet ik precies wat jij hem geeft dat hij zo kalm en gehoorzaam is,' zei hij heel tevreden met zichzelf.

'En wat is dat dan, meneer?' had ik gevraagd.

'Ah, nee, dat zeg ik niet. Dan verander je gauw van spul,' zei hij, een beetje geschrokken van mijn vraag.

'Nee, u hebt me net van iets beschuldigd, nou wil ik het weten ook.'

En toen was hij ineens verdwenen. Wat waarschijnlijk heel verstandig van hem was, want anders had ik hem misschien een dreun verkocht.

Deze Chinese vrouw beschuldigde me van hetzelfde. Dus reageerde ik hetzelfde.

'En wat denkt u dat ik hem geef om hem zo rustig te houden?'

'Dat weet ik niet. Maar je geeft hem iets.'

'Tja, maar als ik hem drogeer, waarom zou hij dan iedere dag bij me willen zijn? Waarom gaat hij dan niet bij me weg? En ik kan hem toch niet hier, onder de ogen van iedereen, gaan drogeren?'

'Pfff,' zei ze, zwaaide boos met haar handen en draaide zich op haar hakken om. 'Dit is niet goed, is helemaal niet goed,' herhaalde ze nog een keer, voordat ze tussen de mensen verdween.

Dit was een gegeven dat ik lang geleden had leren accepteren. Er zouden altijd mensen zijn die me ervan verdachten dat ik Bob mishandelde, of die niet van katten hielden of het niet leuk vonden dat een *Big Issue*-verkoper een kat en geen hond had.

Een paar weken na de ruzie met de Chinese vrouw, had ik een andere aanvaring. Een heel andere.

Vanaf de eerste keer dat ik Bob meenam naar Covent Garden was me regelmatig geld geboden voor Bob. Van tijd tot tijd kwam er iemand naar me toe en vroeg: 'Hoeveel voor je kat?' Meestal zei ik dan dat ze moesten opdonderen.

Hier bij de Angel werd het me weer gevraagd, deze keer door

een vrouw. Ze was al een paar keer langsgekomen en praatte dan even met me voor ze ter zake kwam: 'Zeg James, ik vind niet dat Bob op de straat hoort. Ik vind dat hij in een leuk, warm huis hoort.' En iedere keer beëindigde ze het gesprek met: 'Dus: hoeveel wil je voor hem hebben?'

En iedere keer had ik haar afgepoeierd, waarop zij begon met bieden. Ze begon met honderd pond, maar zat al snel op vijfhonderd.

Onlangs zei ze: 'Ik geef je duizend pond voor hem.'

Ik keek haar indringend aan en vroeg: 'Hebt u kinderen?'

'Eh, ja. Hoezo?'

'Oké. Hoeveel voor uw jongste kind?'

'Pardon?'

'Hoeveel voor uw jongste kind?'

'Volgens mij heeft dat niets te maken met...'

'O, jawel. Het heeft hier heel veel mee te maken. Voor mij is Bob als mijn kind. Mijn kleintje. En als u me vraagt of ik hem wil verkopen, is dat precies hetzelfde als wanneer ik u vraag hoeveel u voor uw jongste kind wilt hebben.'

Ze liep snel weg en ik heb haar nooit meer gezien.

De houding van het metropersoneel was heel anders. Op een dag sprak ik met Vanika, een kaartjescontroleur. Ze vond Bob geweldig en vond het grappig hoeveel mensen met hem praatten en een foto van hem maakten.

'Hij zet station Angel weer helemaal op de kaart,' zei ze lachend.

'Ja. Jullie zouden hem eigenlijk een baan moeten aanbieden. Net zoals die kat in Japan, die ze stationsmeester hebben gemaakt. Die heeft zelfs een pet op.'

'Ik ben bang dat we geen vacatures hebben,' zei ze giechelend.

'Nou, dan zouden jullie hem minstens een identiteitsbewijs of zoiets moeten geven,' grapte ik.

Ze keek me nadenkend aan en liep toen weg. Ik dacht verder niet meer aan dit gesprek.

Een paar weken later zaten Bob en ik op een avond naast het station toen Vanika met een brede grijns op haar gezicht naar buiten kwam. Ik was direct op mijn hoede.

'Wat is er?'

'Niets. Ik wil alleen maar dit aan Bob geven,' zei ze en gaf me een geplastificeerd vervoersbewijs met Bobs foto erop.

'Dit is geweldig!' zei ik.

'Ik heb de foto van internet gehaald.'

Van internet gehaald? Wat deed Bob op internet?

'Maar wat betekent dit nu precies?' vroeg ik.

'Het betekent dat hij gratis als passagier met de metro mag reizen.'

Glimlachend zei ik: 'Ik dacht dat katten sowieso gratis reisden.'

'Oké, dan betekent het dat we allemaal gek op hem zijn. We beschouwen hem als deel van de familie.'

Ik moest ineens ontzettend mijn best doen om niet in huilen uit te barsten.

20

De langste avond

De lente van 2009 stond voor de deur, maar de avonden waren nog altijd donker en koud. Meestal hield ik rond zeven uur op met verkopen, dan werd het al donker en ging de straatverlichting aan.

De eerste maanden van het jaar was het vrij rustig geweest, er waren veel minder toeristen, maar nu kwam de Angel tot leven. Het avondspitsuur was ineens druk, zo druk had ik het nog nooit meegemaakt. Alsof er honderdduizenden mensen in en uit het metrostation stroomden.

Misschien kwam het door het rijke publiek, maar helaas kwamen er ook andere mensen op deze wijk af.

Als je in Londen op straat leeft, ontwikkel je een perfecte radar voor mensen die je ten koste van alles wilt ontwijken. Het was rond halfzeven 's avonds, voor mij het drukste moment van de dag, toen er een man aankwam die al een paar keer de aandacht van mijn radar had getrokken.

Ik had hem wel eens eerder gezien, maar gelukkig steeds vanaf een afstandje. Een onbehouwen vent. Ik zal niet beweren dat ik de best verzorgde man in de Londense straten ben, maar deze vent was echt erg. Hij zag eruit alsof hij onder de blote hemel sliep. Zijn huid was rood en vlekkerig en zijn kleren waren goor. Maar wat pas echt erg was, was zijn hond, een enorme rottweiler. Zwart met bruine vlekken. Vanaf het moment dat ik het beest had gezien, wist ik dat het dier agressief was. Als ik ze samen zag lopen, moest ik altijd denken aan een oude prent van Bill Sikes en zijn hond Bull's Eye in *Oliver Twist*. Je wist gewoon dat ze moeilijkheden brachten.

Ook deze avond had hij zijn hond bij zich. Hij liep naar de ingang van het metrostation en ging bij een groepje ongure figuren zitten, die daar al langer dan een uur bier zaten te drinken. Het beviel me niets.

Bijna meteen zag ik dat de rottweiler Bob had gezien en dat hij aan zijn riem trok om achter Bob aan te gaan. Het leek erop dat die vent zijn grote hond onder controle had, maar iets zei me dat dat niet lang meer hoefde te duren. Hij vond het veel gezelliger om met die kerels te kletsen – en hun bier op te drinken.

Toevallig was ik sowieso al mijn spullen aan het inpakken. En de komst van die vent versnelde die beslissing. Ik had een slecht gevoel over het groepje – en de hond. Ik wilde met Bob zo snel mogelijk zo ver mogelijk bij hen vandaan zijn.

Ik pakte mijn *Big Issues* en stopte mijn andere spullen in mijn rugzak. Ineens hoorde ik een harde, doordringende blaf. Wat er toen gebeurde leek in slow motion te gaan. Een slechte actiescène uit een slechte actiefilm.

Ik draaide me om en zag een zwart-bruine flits op Bob en mij afkomen. Blijkbaar had die vent de riem niet goed vastgelegd. De rottweiler liep los. Mijn eerste instinctieve reactie was Bob beschermen, dus ik sprong pal voor de hond. Voor ik het goed en wel doorhad, rende hij tegen me aan, waardoor ik omver kukelde. In mijn val sloeg ik mijn armen om de nek van de hond en samen belandden we al vechtend op de grond. Ik schreeuwde en vloekte en probeerde zijn kop goed vast te houden zodat hij me niet kon bijten, maar het beest was veel te sterk.

Rottweilers zijn sterke honden en ik wist zeker dat ik zou verliezen als het gevecht nog wat langer zou duren. Alleen God weet hoe ik er dan aan toe zou zijn geweest. Gelukkig hoorde ik ook iemand anders schreeuwen en voelde dat het gewicht van de hond van me afgetrokken werd.

'Kom hier, stom beest,' schreeuwde zijn baasje en trok hard aan de riem. Daarna mepte hij met iets stomps tegen de kop van het beest. Ik wist niet wat het was, maar het was een ziekmakend geluid. Normaal gesproken zou ik me zorgen om de hond hebben gemaakt, maar nu was Bob mijn eerste zorg. Hij was vast doodsbang van wat hij net had gezien. Ik draaide me weer om, om te kijken hoe het met hem ging, maar de plek waar hij eerder had gezeten was leeg. Snel draaide ik 360 graden in het rond om te kijken of iemand hem misschien had opgepakt om hem te beschermen, maar ik zag hem nergens. Bob was verdwenen.

Ineens besefte ik wat ik had gedaan. Ik had een stapel *Big Issues* iets van onze plek af, onder een bankje neergelegd. Bobs riem reikte niet zo ver en in mijn haast om weg te komen van die rottweiler en zijn baasje had ik de kattenriem van mijn eigen riem losgehaakt. Het had maar een paar tellen geduurd om alles op te pakken, maar het was lang genoeg. Dat was mijn grote fout. De rottweiler moest alles hebben gezien, net als Bob. Daarom had hij zich losgetrokken en ons precies op dat moment aangevallen.

Onmiddellijk was ik volkomen in paniek.

Een paar mensen in mijn buurt vroegen of het goed met me ging.

'Ja, prima. Heeft iemand Bob gezien?' zei ik, hoewel het helemaal niet goed met me ging. Toen we waren gevallen had ik me flink pijn gedaan en er zaten bijtwonden in mijn handen. Toen kwam er een oude bekende van me naar me toe, een vrouw van middelbare leeftijd, die Bob vaak wat lekkers gaf. Ze had alles gezien.

'Bob rende de kant van Camden Passage op. Ik heb nog geprobeerd zijn riem te pakken, maar hij was me te snel af.'

'Bedankt,' zei ik, pakte mijn rugzak en rende met bonkend hart die kant op.

Ik moest denken aan die keer dat hij op Piccadilly Circus was weggelopen. Maar om de een of andere reden voelde het deze keer veel erger. Destijds schrok hij van een man die er raar uitzag. Deze keer was hij echt in gevaar. Als ik die rottweiler niet had vastgegrepen, zou die hond hem vast en zeker hebben aangevallen. Wie weet hoe erg hij geschrokken was van die woeste hond? Misschien deed het hem denken aan iets uit zijn verleden. Ik had geen idee hoe hij zich voelde, maar vermoedde dat hij even geschrokken en bang was als ik.

Ik rende rechtstreeks naar Camden Passage en ontweek zoveel mogelijk het vroege avondpubliek bij de kroegen en restaurants.

'Bob, Bob!' riep ik constant. De mensen keken me na. 'Hebben jullie misschien een rode kat met een riem achter zich aan voorbij zien rennen?' vroeg ik aan een groepje mensen voor een grote kroeg.

Ze haalden allemaal hun schouders op.

Ik hoopte dat Bob, net als toen op Piccadilly Circus, een winkel in zou rennen. Maar helaas waren de meeste al dicht. Alleen de kroegen, cafés en restaurants waren nog open. Terwijl ik door de smalle straat rende en iedereen naar Bob vroeg, schudden de mensen ontkennend hun hoofd. Als hij na Camden Passage in noordelijke richting bleef rennen, kwam hij op Essex Road, de brede straat die naar Dalston en verder leidde. Een stuk daarvan had hij wel eens gelopen, maar nog nooit in het donker en nog nooit alleen.

Ik begon al te wanhopen toen ik bijna aan het eind van de Passage, tegenover Islington Green, een vrouw tegenkwam die op mijn vraag naar die straat wees. 'Ik zag een kat die kant oprennen. Keihard, als een raket, hij was niet van plan te stoppen. Hij ging richting die brede straat, ik denk dat hij die wilde oversteken.'

Aan het eind van de Passage bleef ik staan en keek om me heen. Bob hield van Islington Green en deed er graag zijn behoefte. Het was ook de straat waar de busjes van het Blue Cross stonden. Ik kon het proberen. Snel stak ik de straat over en rende naar de groenstrook. Daar stonden struiken waar hij graag tussen rommelde. Ik bukte me om te kijken. Hoewel het bijna donker was en ik amper een hand voor ogen zag, hoopte ik tegen beter weten in dat ik twee heldere ogen zou zien.

'Bob! Bob, zit je hier, jochie?'

Maar er zat niets.

Ik liep naar de andere kant van de straat en riep daar weer zijn naam. Niets. Alleen wat gemompel van twee dronkaards die op een bankje zaten en veel verkeerslawaai.

Toen ik langzaam doorliep, kwam ik langs de grote boekwinkel Waterstone's. Bob en ik liepen daar vaak even naar binnen en het personeel kende hem. Ik wist dat ik me aan strohalmpjes vastklampte, maar misschien was hij hier naar binnen gerend.

Het was rustig binnen en een paar personeelsleden waren al bezig met opruimen. Er waren nog maar een paar klanten.

Ik herkende een van de dames achter de kassa. Ik was buiten adem, hijgde, zweette als een otter en had vast een vuurrood hoofd.

'Gaat het?' vroeg ze.

'Ik ben Bob kwijt. Een hond viel ons aan en Bob is weggerend. Is hij toevallig hier naar binnen gerend?'

'O, gossie,' zei ze bezorgd. 'Ik ben hier de hele middag geweest en heb hem niet gezien. Maar ik zal het even boven vragen.'

Ze pakte de telefoon en belde naar boven.

'Hebben jullie toevallig een kat daar?' vroeg ze. Toen ze langzaam haar hoofd schudde, had ik mijn antwoord. 'Sorry,' zei ze tegen me. 'Maar als we hem zien, zorgen we dat hij hier blijft.'

'Bedankt.'

Pas daarna, toen ik Waterstone's uit was en in de donkere avond liep, drong het tot me door: ik was hem kwijt.

Ik was er kapot van en liep versuft verder over Essex Road, maar vroeg niemand meer naar Bob.

Via deze route kwamen we iedere dag aan – en liepen we 's avonds de andere kant op naar huis. Toen ik de bushalte voor Tottenham zag, kwam er een rare gedachte in me op. Dat zou hij toch niet hebben gedaan? Nee, toch?

Er stond een conducteur te wachten en ik vroeg hem of hij misschien een kat had gezien in een van de bussen. Ik ken Bob, hij is er slim genoeg voor. Maar de man keek me aan alsof ik hem had gevraagd of hij de paashaas op lijn 73 had gezien. Hoofdschuddend draaide hij van me weg.

Nu weet ik dat katten een uitstekend richtingsgevoel hebben en heel veel kilometers kunnen lopen, maar het was bijna onmogelijk dat hij terug naar Tottenham was gegaan. Dat was een tocht van zo'n vijf kilometer door – soms – behoorlijk gevaarlijke delen van Londen. Daarom liepen we het nooit, we namen de bus. Ik kwam al snel tot de conclusie dat dat geen reële optie was.

Het volgende halfuur was een achtbaan van alle mogelijke emoties. Ik zei tegen mezelf dat hij nooit ver kon komen zonder herkend te worden. Heel veel mensen kenden hem. En zelfs als hij werd gevonden door iemand die hem niet kende, dan zou diegene merken dat hij gechipt was en zouden al zijn gegevens uit het nationale microchipcentrum naar boven komen.

Maar vervolgens drongen heel andere beelden en gedachten zich aan me op. Een ware nachtmerrie.

Misschien was dit wat er drie jaar geleden ook was gebeurd. Misschien was hij zo die lenteavond in het flatgebouw beland. Misschien was dit de aanleiding waardoor hij besloot dat het tijd was om te vertrekken. Ik was volledig van slag. Mijn rationele, verstandige kant zei: het gaat goed met hem, je vindt hem wel terug. Maar mijn irrationele, woeste kant zag het heel anders: hij is verdwenen. Je ziet hem nooit meer terug.

Bijna een uur liep ik over Essex Road. Inmiddels was het pikkedonker en het verkeer stond vast, bijna helemaal tot aan Islington High Street. Ik was helemaal in de war en wist niet wat ik verder nog kon doen. Automatisch liep ik over Essex Road de kant van Dalston op. Naar de flat van mijn vriendin Belle, zo'n anderhalve kilometer verderop.

Toen ik langs een steegje liep, zag ik in een flits een staart. Een zwarte, dunne staart. Duidelijk niet Bobs staart. Maar ik was zo van streek dat ik mezelf ervan overtuigde dat het toch zijn staart moest zijn.

'Bob,' riep ik en liep het donker in. Ik zag niets, maar ergens vanuit dat donker klonk er gemauw. Ook dat klonk niet als Bob. Na een paar minuten liep ik verder.

Inmiddels was er nog minder verkeer op straat. Het werd doodstil. Voor het eerst zag ik dat er sterren aan de hemel stonden. Niet bepaald zoals de sterrenhemel in Australië, maar het was wel indrukwekkend. Een paar weken geleden keek ik nog naar de Tasmaanse sterren. Daar in Australië had ik tegen iedereen gezegd dat ik terug moest om voor Bob te zorgen. Nou, dat was me bijzonder goed gelukt, dacht ik en vervloekte mezelf.

Misschien was mijn lange verblijf in Australië de reden van zijn weglopen. Was in die periode de band tussen Bob en mij verzwakt? Was het feit dat ik zes weken weg was voor hem een reden om te twijfelen aan mijn liefde voor hem? Durfde hij er niet op te vertrouwen dat ik hem zou beschermen toen die rottweiler hem aanviel? Ik kon wel janken.

Toen ik vlak bij Belle's flat was, kon ik nog steeds wel janken. Wat was ik zonder hem? Ik zou nooit meer een vriend als Bob vinden. En op dat moment gebeurde het. Voor het eerst sinds jaren snakte ik naar een shot.

Direct probeerde ik het weg te duwen, maar er brak in mijn onderbewustzijn een gevecht uit. Ergens dacht ik dat ik niet zou kunnen omgaan met Bobs verdwijning. Dat ik me moest verdoven tegen de pijn die ik nu al voelde.

Belle vocht er, net als ik, al jaren tegen. Maar ik wist dat haar huisgenote nog gebruikte. Hoe dichter ik bij haar straat kwam, hoe erger mijn gedachten werden.

Toen ik eindelijk bij haar flat was, was het ongeveer tien uur. Ik had een paar uur door de straten gedwaald. In de verte hoorde ik sirenes: de politie was weer onderweg naar een nieuwe steek- of knokpartij in een kroeg. Het interesseerde me niets.

Terwijl ik over het pad naar de slecht verlichte ingang liep, zag ik een gedaante in de schaduw van het gebouw zitten. Duidelijk een kat. Maar deze keer durfde ik geen hoop meer te koesteren en dacht dat het een andere zwerfkat was die voor de kou schuilde. Tot ik zijn kop zag, die bekende kop.

'Bob.'

Hij mauwde klagelijk, net zoals drie jaar geleden in het gangetje, alsof hij wilde zeggen: 'Waar bleef je nou? Ik zit hier al eeuwen op je te wachten.'

Ik tilde hem op en drukte hem stevig tegen me aan.

'Het wordt nog mijn dood als je blijft weglopen,' zei ik en probeerde te bedenken hoe hij hier terecht was gekomen.

Al snel wist ik het. Ik was zó stom dat ik er niet eerder aan had gedacht. Hij was vaak met me mee geweest naar Belle's flat en had er zes weken gewoond toen ik in Australië zat. Logisch dat hij hiernaartoe was gegaan. Maar hoe was hij er in vredesnaam gekomen? Vanaf onze plek bij de Angel was het minstens anderhalve kilometer. Had hij alles gelopen? En hoelang zat hij dan al hier?

Niet dat dat nu belangrijk was. Terwijl ik hem aaide en toesprak, likte hij mijn handen. Zijn tong was zo ruw als schuurpapier. Ook wreef hij zijn koppie langs mijn gezicht en zwiepte met zijn staart.

Ik belde bij Belle aan en ze liet me binnen. Ik was niet meer wanhopig, maar uitzinnig blij. Ik was in de zevende hemel.

Belle's huisgenote was er ook en vroeg: 'Wil je iets om het te vieren?' terwijl ze me veelbetekenend aankeek.

'Nee, dankjewel,' zei ik en schrok even toen Bob speels naar mijn hand sloeg. Daarna keek ik naar Belle. 'Een biertje zou wel lekker zijn.'

Bob had geen drugs nodig om de nacht door te komen. Hij had alleen maar zijn vriend nodig: mij. En op dat moment wist ik dat dit precies was wat ik ook nodig had. Ik had alleen maar Bob nodig. Niet alleen vanavond, maar minstens zo lang als hij in mijn leven wilde blijven.

21

Bob, de Big Issue*-kat*

Het maartse zonnetje verdween en de avond viel bij de Angel. Trouwens, heel Londen maakte zich op voor de avond. Het verkeer liep al vast op Islington High Street en het getoeter groeide aan tot een ware kakofonie. Ook op de stoepen was het druk, constant liepen er mensen in en uit het metrostation. Het was bijna spitsuur. Iedereen had haast om ergens te komen. Oké, bijna iedereen.

Ik was aan het tellen of ik voldoende kranten had om de drukte die zo zou losbarsten het hoofd te bieden, toen ik vanuit een ooghoek een groepje kinderen onze kant op zag komen lopen, tieners. Drie jongens en een paar meisjes. Zuid-Amerikaans of Spaans of Portugees.

Daar was niets raars aan. Het was hier weliswaar geen Covent Garden, Leicester Square of Piccadilly Circus, maar ook op Islington waren aardig wat toeristen en Bob was een trekpleister. Er ging bijna geen dag voorbij dat hij niet omringd werd door een groep opgewonden jongeren.

Wat deze avond anders was, was hoe ze naar hem wezen en over hem praatten.

'Ah, *si* Bob,' zei een van de meisjes, waarschijnlijk in het Spaans.

'*Si, si*. Bob de Beeg Issew-kat,' zei een ander.

Raar, zei ik bij mezelf, toen ik begreep wat ze had gezegd. Hoe weten ze dat hij Bob heet? Hij heeft geen naamplaatje om. En wat bedoelen ze met de Big Issue-kat?

Mijn nieuwsgierigheid won het van alles.

'Sorry, ik hoop dat jullie het niet erg vinden, maar ik zou graag willen weten waar jullie Bob van kennen?' Ik hoopte dat een van hen redelijk en verstaanbaar Engels zou spreken. Mijn Spaans was abominabel slecht.

Gelukkig zei een van de jongens: 'O, we kennen hem van YouTube. Bob is heel populair, ja toch.'

'O ja?' zei ik. 'Ik heb wel gehoord dat Bob op YouTube staat, maar heb geen idee hoeveel mensen ernaar kijken.'

'Heel veel mensen, denk ik,' zei hij glimlachend.

'Waar komen jullie vandaan?'

'*España*. Spanje.'

'Dus Bob is populair in Spanje?'

'*Si, si*,' zei een andere jongen nadat de eerste ons gesprek had vertaald. '*Bob es una estrella en España*.'

'Sorry, wat zei hij?'

'Hij zegt dat Bob een ster is in Spanje,' vertaalde de eerste jongen.

Ik wist niet wat ik hoorde.

Natuurlijk hadden heel veel mensen door de jaren heen foto's van Bob genomen. Toen we nog muziek maakten en toen ik *Big Issues* verkocht. Ik had wel eens de grap gemaakt dat ik hem voor zou dragen bij het *Guinness Book of Records* als de meest gefotografeerde kat van de wereld.

Ook hadden mensen hem gefilmd met hun mobieltjes of videocamera's. In gedachten liep ik de afgelopen maanden na. Wie zou dat filmpje hebben gemaakt dat nu op YouTube stond? Ik had een paar kandidaten, maar wilde het zo snel mogelijk zelf zien.

Dus ging ik de volgende ochtend met Bob naar de bibliotheek en kroop achter de computer. Ik tikte de zoekwoorden 'Bob Big Issue' en 'kat' in. Natuurlijk was er een link naar YouTube. Ik klikte erop. Tot mijn verrassing stonden er niet één, maar twee filmpjes op.

'Hé, Bob, moet je zien. Hij had gelijk. Je bent een ster op YouTube.'

Tot op dat moment was hij niet bijster geïnteresseerd geweest. Het was tenslotte geen autorace op Channel Four. Maar toen ik op het eerste filmpje klikte en mezelf zag en hoorde praten, sprong hij op het toetsenbord en drukte zijn koppie tegen het scherm.

Terwijl ik naar het filmpje keek, dat 'Bobcat and I' heette, wist ik het weer. Het was van een student van de filmacademie, die me een paar dagen had gevolgd in de tijd dat we *Big Issues* op Neal Street verkochten. Het was een leuk filmpje over ons in de bus en op straat. Het gaf een behoorlijk goed beeld van het leven van een *Big Issue*-verkoper. Er waren beelden van mensen die Bob aaiden, maar ook een aantal met wat jongens die niet geloofden dat hij een 'huiskat' was. Die behoorden tot de groep mensen die dachten dat ik Bob drogeerde.

Het andere filmpje was veel recenter opgenomen, bij de Angel, en was gemaakt door een Russische man. Ik klikte op de link en zag dat hij het filmpje 'Bob The *Big Issue* Cat' had genoemd. Dit moest het filmpje zijn dat de Spaanse studenten hadden gezien. Ik zag dat er tienduizenden keren op geklikt was. Ik was verbijsterd.

Ik had al begrepen dat Bob een beroemdheid aan het worden was. Van tijd tot tijd kwam er iemand langs die zei: 'Ah, is dit nou Bob? Ik heb zoveel over hem gehoord.' Of: 'Is dit de beroemde Bobcat?' Maar ik had altijd gedacht dat er over hem werd gepraat. En een paar weken voor die Spaanse tieners hadden we in de *Islington Tribune* gestaan, een wijkkrantje. Er was zelfs een keer een Amerikaanse vrouw naar me toe gekomen, een agent, die me had gevraagd of ik geen boek over Bob en mij wilde schrijven. Nou ja!

Door de Spaanse tieners realiseerde ik me dat Bob veel meer was dan een plaatselijke beroemdheid. Bob groeide uit tot een ware sterkat.

Diep in gedachten over wat ik me net had gerealiseerd, liep ik glimlachend naar de bushalte. In een van de filmpjes had ik verteld dat Bob mijn leven had gered. Toen ik dat voor het eerst terughoorde, vond ik dat een beetje té, een beetje overdreven. Maar nu ik al lopend alles in perspectief zette, drong het tot me door dat het helemaal waar was: hij had echt mijn leven gered.

In de twee jaar nadat ik hem had gevonden in die slecht verlichte gang had hij mijn wereld veranderd. Tot dat moment was ik een afkickende heroïneverslaafde geweest die van dag tot dag leefde. Ik was achter in de twintig en mijn leven had geen doel of richting. Behalve dan overleven. Ik had geen contact meer met mijn familie en had amper vrienden. Oftewel: mijn leven was een ramp. Dat was allemaal veranderd.

Mijn reis naar Australië had de problemen uit het verleden niet opgelost, maar had wel mijn moeder en mij weer samengebracht. De wonden heelden. Langzaam maar zeker. Ik had het gevoel dat we steeds dichter naar elkaar toe groeiden. Mijn gevecht met de drugs was eindelijk bijna ten einde, dat hoopte ik tenminste. Ik gebruikte steeds minder Subutex. De dag dat ik het helemaal niet meer nodig zou hebben kwam in zicht. Het eind van mijn verslaving. Eindelijk. Er waren tijden geweest dat ik dat niet voor mogelijk hield.

En het allerbelangrijkste: ik had eindelijk een thuis. Veel mensen zullen het niet veel vinden, maar mijn flatje in Tottenham gaf me een gevoel van veiligheid en stabiliteit dat ik stiekem altijd had gemist. Ik had nooit lang op dezelfde plek gewoond, maar hier woonde ik nu vier jaar en ik zou er nog heel lang blijven wonen. Ik wist zeker dat dit zonder Bob nooit gebeurd zou zijn.

Ik ben gelovig opgevoed, maar ben geen praktiserend christen meer. Maar ik ben ook geen agnost of atheïst. Mijn idee is dat we uit iedere religie en filosofie iets zouden moeten halen. Ik ben geen boeddhist, maar vind de boeddhistische filosofie heel goed. Die geeft je een goede structuur waar je je leven op kunt bouwen. Ik geloof bijvoorbeeld wel heel erg in karma, het idee dat er gebeurt wat er moet gebeuren. Misschien kwam Bob als beloning in mijn leven omdat ik ooit in mijn vergooide leven iets goeds heb gedaan.

Ook vroeg ik me wel eens af of Bob en ik elkaar in een vorig leven hebben gekend. Onze band en de klik die we vrijwel direct hadden, waren heel ongewoon. Iemand zei eens tegen me dat hij vond dat we de reïncarnatie van Dick Whittington en zijn kat waren. Behalve dan dat de rollen bij ons omgedraaid waren. Dick Whittington was teruggekomen als Bob – en ik was zijn maatje. Daar had ik geen problemen mee. Ik vond het zelfs fijn om op die manier aan hem te denken. Bob was mijn vriend en had me naar een ander – en veel beter – leven geleid.

En daar vroeg hij niets moeilijks of geks voor terug. Alleen maar dat ik voor hem zou zorgen. En dat is precies wat ik doe.

Ik weet dat de weg die voor ons ligt niet makkelijk zal zijn. Natuurlijk zullen we van tijd tot tijd problemen hebben – tenslotte werk ik nog steeds op straat. Het zal nooit makkelijk worden. Maar zolang we samen zijn, heb ik het gevoel dat alles goed zal komen.

Iedereen heeft soms een adempauze nodig, iedereen verdient een tweede kans. Bob en ik hebben de onze gegrepen...

Woord van dank

Het schrijven van dit boek is een opmerkelijke samenwerkingservaring geworden, waarin heel veel mensen een rol hebben gespeeld.

Om te beginnen wil ik mijn familie bedanken, speciaal mijn vader en moeder, voor hun vastberadenheid die me door de zwaarste periodes van mijn leven heeft geholpen. Ook dank aan mijn peetouders Terry en Merilyn Winters dat ze zulke geweldige vrienden voor me zijn.

In de straten van Londen zijn ontzettend veel mensen door de jaren heen vriendelijk tegen me geweest, toch wil ik graag met name Sam, Tom, Lee en Rita, de *Big Issue*-coördinatoren, noemen. Ook wil ik de straathoekwerkers Kevin en Chris bedanken voor hun begrip en medeleven. Ook dank aan het Blue Cross en de Dierenbescherming voor hun waardevolle adviezen en aan Davika, Leanne en de rest van de staf van het metrostation Angel, die Bob en mij gesteund hebben.

Verder wil ik Food For Thought en Pix in Neal Street bedanken, die Bob altijd een bakje melk en mij een kop warme thee aanboden, net als Daryl van Diamond Jacks in Soho en Paul en Den, schoenmakers en goede vrienden. Ook dank aan Pete Watkins van Corrupt Drive Records, dj Cavey Nik van Mosaic Homes en Ron Richardson.

Zonder mijn agent Mary Pachnos zou dit boek er nooit zijn gekomen. Zij had het idee voor dit boek. Destijds klonk het heel absurd en zonder haar hulp en die van schrijver Garry Jenkins had ik het nooit allemaal op kunnen schrijven en er een geheel van kunnen maken. Dus mijn diepgemeende dank aan Mary en Garry. Bij mijn uitgever, Hodder & Stoughton, wil ik graag Rowena Webb, Ciara Foley, Emma Knight en de rest van het geweldige team bedanken. Ook dank aan Alan en de staf van Waterstone's in Islington, waar Garry en ik op de bovenste verdieping in alle rust aan dit boek mochten werken. En mijn grote dank aan jou, Kitty. Zonder jouw steun was het niet gelukt.

Ten slotte wil ik Scott Hartford-Davis en de dalai lama bedanken. Hun filosofieën zijn me de afgelopen jaren tot grote steun geweest. En dank aan Leigh Ann, die ik nooit zal vergeten.

En tot slot wil ik natuurlijk mijn maatje bedanken die in 2007 in mijn leven kwam en die – vanaf het moment dat we vrienden werden – zo'n positieve wending en kracht in mijn leven heeft gebracht. Iedereen verdient een vriend als Bob. Ik heb in ieder geval het geluk gehad een maatje te vinden…

James Bowen
Londen, januari 2012

Bob Informatie Pagina

Lees het laatste nieuws over en de verhalen van James en Bob op www.hodder.co.uk en op Bobs eigen Twitter: @streetcatbob